Weihnachtliches Backvergnügen

ANNA LANDAUER

Weihnachtliches Backvergnügen

Die besten Rezeptideen

PICHLER VERLAG

Weihnachtliches Backvergnügen leicht gemacht

Keine Angst vor Mürbteig, Schokoladenglasur und Co. – so gelingt Ihr Weihnachtsgebäck.

Verführerischer Duft, mürb-zarter Geschmack, leuchtende Naschkatzenaugen ... Kekse und andere süße Weihnachtsgenüsse rufen allseits Begeisterung hervor. Doch das Selberbacken erscheint vielen Keksliebhabern zu schwierig. Dabei kann es so einfach sein! Dieses Buch hilft Ihnen dabei, die süße Welt der Weihnachtsbäckerei ganz leicht zu erobern.

Das Auge isst mit – Kekse wollen schön sein

✿ Nach dem Auskühlen können einige Sorten bereits vernascht oder gelagert werden. Andere warten auf eine schmackhafte Glasur, ein Bezuckerung oder Marmelade.

✿ Eine Glasur macht die Kekse nicht nur schöner, sondern verhindert auch, dass sie austrocknen. Viele Glasuren gibt es bereits fertig im Handel zu kaufen. Sie sind aber auch ganz einfach und schnell selbst herzustellen. Mehr dazu im Kapitel „Glasuren" (S. 21).

✿ Kekse, die mit Marmelade zusammengeklebt werden, sind besonders saftig und schmackhaft. Die Wahl der Marmelade bleibt natürlich Ihnen überlassen. Erlaubt ist, was schmeckt.

✿ Für das weitere Verzieren stehen Ihnen noch viele andere Möglichkeiten wie Marzipan, Nüsse, Mohn, Sesam, Hagelzucker und mehr zur Verfügung. Auch die glänzenden Zuckerkugeln und bunten Streusel, die Sie im Handel erhalten, können Ihre Bäckerei verschönern.

✿ Beachten Sie beim Verzieren aber eine goldene Regel: Was schön aussieht, sollte auch noch gut schmecken! Übertreiben Sie es nicht, denn wer in einen wunderbar mürben Keks beißt, möchte sich nicht die Zähne am harten Dekor ausbeißen.

Kekse lagern

✿ Die meisten Kekse schmecken frisch am besten! Um aber die Weihnachtszeit hindurch mit Weihnachtsgebäck versorgt zu sein, können Sie auf Vorrat backen.

✿ Frische Kekse auskühlen lassen. Danach in einem geschlossenen Gefäß aufbewahren, damit sie nicht austrocknen. Kekse halten sich so ca. 4 Wochen. Wenn

Sie aber die noch warmen Kekse verschlossen aufbewahren, beginnen diese zu schwitzen. D. h. der Zucker bekommt Flecken oder die Kekse können ranzig werden.

✿ ACHTUNG BEI CREMEFÜLLUNGEN:

Kekse mit cremigem Inhalt sollten gekühlt aufbewahrt und schneller verzehrt werden.

✿ Lebkuchen schmeckt am besten, wenn er in einer gut verschlossenen Dose mit einem Apfel ca. eine Woche aufbewahrt wird. Dadurch wird er schön weich. Wenn Sie ihn länger lagern wollen, tauschen Sie den Apfel aus.

✿ Trennen Sie Kekssorten mit starken Aromen voneinander und bewahren Sie diese getrennt auf.

Kann man Kekse auch spontan backen?

✿ Auch wenn Ihr Haushalt nicht perfekt für das Keksbacken ausgestattet ist, können Sie Ihr Vorhaben mit einigen Hilfsmitteln durchführen.

✿ Kleine Gläser können als Keksausstecher herhalten. Mit einem Messer oder einem Pizzaschneider kann man Kekse aus dem Teig ausschneiden.

✿ Wenn der Spritzsack fehlt, können Sie mit zwei Löffeln Häufchen formen. Für feinere Spritzmassen verwenden Sie einen Gefrierbeutel, in den Sie ein kleines Loch schneiden. Mit einer Gabel können Sie Muster in den Teig drücken oder in aufgestrichene Teigmassen ziehen.

✿ Wenn kein Backpapier vorhanden ist, schmieren Sie das Backblech mit Fett aus und stauben es mit Mehl.

✿ Sie können auch ganz ohne Backrohr süße Naschereien herstellen. Punschkugeln oder Oblatenschnitten sind im Nu ohne viel Aufwand fertig.

Am Anfang steht der Teig

Einige hilfreiche Informationen zu den Grundteigarten und ihren Zutaten

Die wichtigsten Zutaten für Weihnachtsbäckerei

Mehl

Verwenden Sie glattes Mehl, da es den Teig geschmeidiger macht und dieser so leichter zu verarbeiten ist. Dinkelmehl bietet sowohl eine gesundheitsbewusste als auch geschmackliche Abwechslung. Beachten Sie aber, dass Dinkelteig mehr Flüssigkeit benötigt. Dinkelteig-Rezepte enthalten daher meistens Eier.

Backpulver

Das Triebmittel sorgt für Volumen und Lockerheit im Teig. Klumpen im Backpulver machen Löcher im Teig und in weiterer Folge in den Keksen. Das Backpulver wird daher nicht einfach mit dem Mehl vermischt, sondern eingesiebt. Auch Staubzucker sollte aus diesem Grund besser gesiebt werden.

Eier

Eier werden nicht in allen Teigen benötigt. So sind zum Beispiel Eier im Mürbteig eine Ansichtssache. Die Bindung des Teiges wird mit Ei besser, die Kekse werden aber trockener. Konditoren empfehlen, nur Eidotter zu verwenden und auch dieses nur sparsam! Vanillekipferln ohne Ei werden traumhaft mürbe.
Wenn Sie die Eier im Teig weglassen, verwenden Sie etwas mehr Fett.
In diesem Buch werden in den Rezepten unterschiedliche Varianten angewendet. Wenn Sie Anfänger sind, halten Sie diese Vorgaben ein. Wenn Sie bereits experimentierfreudiger sind, wandeln Sie einfach nach Belieben um.
Beachten Sie beim Einkauf die Größe der Eier. In den Rezepten dieses Buches werden Eier der Größe M verwendet.

Zucker

Um Weihnachtsbäckerei zu süßen, können viele Arten von Süßstoff verwendet werden: Staubzucker, Kristallzucker, Brauner Zucker, Rohrzucker, Ahornsirup oder Honig. Verwenden Sie den Geschmack Ihrer Wahl und beachten Sie einige Hinweise.
Staubzucker macht Ihren Teig besonders geschmeidig. Er ist auch wesentlich schneller als Kristallzucker im Teig verrührt.
Für Baiser und Makronenmassen sollten Sie Staubzucker verwenden, da er besser bindet.
Brauner Zucker und Rohrzucker haben einen herrlichen Karamellgeschmack.
Honig süßt weniger als Zucker und macht den Teig weicher. Für Mürbteig ist Honig daher nicht geeignet.
Verwenden Sie ab und zu echte Vanille statt Vanillezucker und Vanillin. Das Aroma ist unvergleichbar!

Fett

Butter oder Margarine? Buttergeschmack in Backwaren ist einmalig. Für Anfänger macht Butter den Teig allerdings schwerer zu verarbeiten. Sowohl das Kneten als auch das Ausstechen der Kekse werden einfacher, wenn Margarine verwendet wird. Für Anfänger sicher der bessere Einstieg. Wollen Sie auf den Buttergeschmack nicht verzichten, verwenden Sie ein wenig Butteraroma. Achten Sie darauf, Margarine ohne gehärtete Fette zu kaufen.
Light-Margarine eignet sich wegen des hohen Wassergehalts nicht für die Bäckereien.

Gewürze & Aromen

Es gibt eine große Vielfalt an Gewürzen, die für die weihnachtliche Bäckerei bestens geeignet sind. Allen voran Zimt, dessen Duft aus der Weihnachtsküche nicht wegzudenken ist. Anis, Gewürznelken, Kardamom, Ingwer, Muskat oder Vanille bringen weitere Abwechslung. Auch hier gilt: Erlaubt ist, was schmeckt. Seien Sie neugierig und versuchen Sie auch Varianten der Rezepte.

Nüsse, Mandeln, Mohn, Kokosraspeln und mehr

Ob Haselnüsse oder Walnüsse, blauer oder schwarzer Mohn, Sesam, Rosinen, Mandeln oder Pistazien: Sie alle verleihen unserem Weihnachtsgebäck Geschmack und Dekoration. Ihrer Fantasie sind hier kaum Grenzen gesetzt.

Wenn möglich, reiben Sie Nüsse immer frisch, das verleiht ein besonders intensives Aroma. Wenn Sie Rosinen, Aranzini oder Zitronat zerkleinern müssen, verwenden Sie dazu ein wenig Mehl. So kann die klebrige Masse besser geschnitten werden.

Schokolade & Marzipan

Verwenden Sie hochwertige Schokolade oder Kuvertüre mit hohem Kakaoanteil. Kuvertüre lässt sich auf Grund des höheren Kakaobuttergehalts einfacher schmelzen und verarbeiten. Für Anfänger ist das Überziehen und Verzieren damit leichter.
In Teigen mit Schokoladeanteil wird entweder geriebene Schokolade oder Kuvertüre oder auch Kakaopulver (Achtung: Immer sieben, damit keine Klumpen im Teig entstehen!) verwendet.
Marzipan kann als dekoratives Element eingesetzt werden oder in Füllungen. Auch im Teig oder in Makronenmassen vermag Marzipan den beliebten Mandelgeschmack beizusteuern. Marzipan ausrollen kann etwas mühsam sein, da die Masse sehr klebt. Verwenden Sie etwas Staubzucker oder legen Sie das Marzipan zwischen zwei Klarsichtfolien.

Rum & Glühwein

Alkohol ist ein Geschmacksträger. In Klassikern wie Glühweinschnitten oder Punschkugeln sorgen Rum und Glühwein für das festlich-gehaltvolle Aroma.
Glühwein können Sie selbst zubereiten oder auch fertig kaufen. Für Bäckereien reicht 38%iger Rum völlig, da sonst das Rumaroma zu dominant ist.

Die Grund-Teigarten

Mürbteig (1-2-3) | Mürbteig ohne Ei für Kipferln | Gerührter Mürbteig für Spritzgebäck
Rührteig (Rehrücken, Muffins, Schnitten) | Rahmteig | Eiweißmasse (Baiser & Makronen)
Lebkuchenteig | Hefeteig

Mürbteig (1-2-3-Teig)

Mürbteig ist die Basis von sehr vielen Keksrezepten. Ergänzt mit Gewürzen, Aromen, Nüssen, Mandeln oder anderen Zutaten können Sie daraus eine große Auswahl an Weihnachtsbäckerei herstellen.

Einige Kipferl-Mürbteige kommen ganz ohne Ei aus, Mürbteig für Spritzgebäck hat eine flüssigere Konsistenz. Die Varianten werden bei den einzelnen Rezepten beschrieben.

Zutaten

100 g Zucker | 1 Packung Vanillezucker, 200 g in kleine Stücke geschnittene Butter oder Margarine 1 Eidotter | 1 Prise Salz | 300 g glattes Mehl

Zubereitung

Backpulver in das Mehl einsieben. Das Mehl auf die Arbeitsfläche oder in eine große Schüssel geben und Zucker, Vanillezucker und Salz dazugeben. Gemeinsam mit dem Ei und der Butter rasch zu einem Teig verkneten. Wickeln Sie den Teig in Frischhaltefolie und lassen Sie ihn vor der Weiterverarbeitung im Kühlschrank ca. 2 Stunden rasten.

Tipps & Tricks zum Mürbteig

Kneten

Immer mit wirklich kalten Händen arbeiten und nicht zu lange verkneten. Auch in der Küchenmaschine den Teig nicht überkneten. Wenn der Teig zu warm wird, tritt Fett aus. Das verändert die Bindung des Teiges. Er wird hart und bröselig und lässt sich nur schwer weiterverarbeiten.
Aber keine Angst vor dem händischen Kneten: Auch nur mit Muskelkraft haben Sie im Nu den Teig geknetet. Zu Beginn schaut die Konsistenz etwas entmutigend aus, aber nach und nach entsteht ein geschmeidiger Teig. Einfach ausprobieren!

Rasten

Mürbteig ca. 2 Stunden rasten lassen. Der Teig sollte nicht zu kalt werden, da er sonst schwer ausrollbar ist. In diesem Fall einige Zeit bei Zimmertemperatur „aufwärmen" lassen.

Ausrollen

Beim Ausrollen des Mürbteiges nicht zu viel Mehl verwenden. Die Ausrollfläche immer wieder abkehren. Wenn der Teig zu klebrig ist, etwas Mehl unterkneten. Wenn der Teig zu hart ist, einen Eidotter einarbeiten.

Haltbarkeit

Eingewickelt in Frischhaltefolie hält Mürbteig im Kühlschrank einige Tage. Die Folie verhindert auch, dass der Teig andere Gerüche annimmt.

Reste

Wenn bei Keksen Teig übrig bleibt, diesen noch einmal verkneten, auswalken und auf einem Blech fertig backen. Auskühlen lassen und dann in kleine Stücke zerbrechen. Diese eignen sich hervorragend für eine Punschmasse.

Rahmteig

Rahmteig kann wie Mürbteig für Kekse oder Schnittenböden verwendet werden.

Zutaten für einen Grundteig

200 g glattes Mehl | 200 g Margarine | 2 EL Rahm
1 Prise Salz

Zubereitung

Mehl, Margarine und Rahm mit der Prise Salz rasch zu einem Teig verkneten.

Tipps & Tricks zum Rahmteig

✿ Rahmteig muss nicht rasten. Er kann sofort verarbeitet werden.

✿ Dieser Teig ist auf Grund seiner leicht zähen Konsistenz einfacher zu verarbeiten. Da kein Zucker verwendet wird, sparen Sie auch einige Kalorien.

Hefeteig

Hefeteig wird in der Weihnachtsbäckerei für Stollen oder Kletzenbrot verwendet.

Zutaten

Ein Hefegrundteig besteht aus Zucker, Eidotter, Hefe, Milch, Butter, Mehl, Salz und Gewürzen.
Weihnachtliche Varianten wie Kletzenbrot und Stollen werden mit Aranzini, Zitronat, Rosinen oder Marzipan versehen.

Zubereitung

Für Hefeteige wird ein Dampfl angesetzt: Das gesiebte Mehl in eine Schüssel leeren und in der Mitte eine Mulde bilden. Die Milch leicht erwärmen, dann die Hefe und eine Prise Zucker in der Milch auflösen. Dieses Gemisch vorsichtig in die Mehlmulde leeren. Etwas Mehl vom Rand in die Flüssigkeit geben und leicht verrühren, bis sich in der Mitte der Mulde ein cremiger Teig bildet. Diesen dann mit etwas Mehl vom Rand bestreuen und mit einem Tuch oder einer Folie zudecken. Danach das Dampfl an einem warmen Ort ca. 30 Minuten ruhen lassen. Wenn sich in der Mehldecke starke Risse zeigen, ist das Dampfl genug gegangen.
In der Zwischenzeit Butter schaumig rühren und mit Eidottern, Zucker, Vanillezucker, Zitrone, Salz, weihnachtlichen Gewürzen und Rum vermixen. In das fertige Dampfl einmischen, das restliche Mehl vom Dampfl-Rand einarbeiten und so lange verkneten, bis sich ein geschmeidiger, seidig-glatter Teig gebildet hat. Den Teig zugedeckt an einem warmen Ort noch einmal ca. 20 Minuten gehen lassen.

Tipps & Tricks zum Hefeteig

✿ Im Kühlschrank ist frische Hefe ca. 1 Woche haltbar. Für spontanes Backen bietet sich daher die Trockenhefe an, die problemlos einige Monate zu Hause aufbewahrt werden kann.

✿ Die Milch für das Dampfl nur lauwarm verwenden, da durch Hitze die Hefe geschädigt wird.

✿ Geben Sie dem Teig Zeit. Je besser Hefeteig aufgeht, desto flaumiger wird Ihr Gebäck. Den aufgegangenen Teig so lange kneten, bis er sich vom Rand des Gefäßes und vom Knethaken löst. Der Teig soll hell und auf keinen Fall zu fest sein.

Lebkuchenteig

Lebkuchen ist ein Klassiker unter den Weihnachtsbäckereien. Er betört mit herzhaft würzigem Geschmack und dem wunderbaren Duft nach Honig und Gewürzen.

Zutaten

Lebkuchenteig besteht aus Honig oder Rohzucker, Eiern, Mehl (meist Roggenmehl) und Gewürzen wie Zimt, Kardamom, Koriander, Nelken, Muskatnuss, Ingwer oder Piment. Auch Aranzini, Zitronat und Rosinen werden verwendet. Als Backtriebmittel kommen heute meistens Backpulver oder Natron vor, traditionell Pottasche und Hirschhornsalz.

Zubereitung

Es gibt verschiedene Arten der Zubereitung. Beim einfachen Lebkuchen werden alle Zutaten zu einem Teig vermischt und verknetet. Der Teig sollte mindestens 24 Stunden, besser aber ein paar Tage im Kühlschrank rasten.

Bei einigen Lebkuchenarten wird der Honig mit dem Zucker erhitzt und erst nach dem Abkühlen mit den restlichen Zutaten vermischt.

Tipps & Tricks zum Lebkuchenteig

✿ Lebkuchenteig bleibt an Backpapier kleben. Fetten Sie daher besser das Backblech ein und stauben Sie es mit Mehl aus.

✿ Lebkuchen kühl und in einer verschlossenen Dose lagern. Ein beigelegter Apfel macht den Lebkuchen schön weich und aromatisch. Nach ca. 14 Tagen ist der Lebkuchen weich und mürb.

Eiweißmasse

Für Baisers und Makronen:
ganz einfach zu machen und himmlisch zart.

Zutaten für die Grundmasse

3 Eiklar | 240 g Staubzucker | Prise Salz
1/2 TL Zitronensaft

Zubereitung

Eiklar mit einer Prise Salz anschlagen. Zucker nach und nach dazurieseln lassen, Zitronensaft dazugeben und zu einem steifen Schnee schlagen.

Tipps & Tricks zum Eischnee

✿ Die Rührschüssel und der Rührbesen sollten sehr kalt und völlig fettfrei sein. Nur so gelingt ein richtig fester Schnee.

✿ Eine Prise Salz lässt den Eischnee schneller fest werden, etwas Zitronensaft lässt ihn länger steif bleiben.

✿ Lassen Sie den Zucker nach und nach einrieseln, so kann er schneller verrührt werden.

✿ Wenn der Schnee schön glänzt und Spitzen nach oben zieht, ist er perfekt schaumig gerührt.

✿ Die feste Schneepracht hält nicht lange, daher zügig weiterverarbeiten.

✿ Eischneemassen ohne Nüsse (Baiser) werden bei niedriger Temperatur mehr getrocknet als gebacken. Massen mit Nüssen, Mandeln, Mohn oder Schokolade (Makronen) werden bei etwas höheren Temperaturen, aber kürzer gebacken.

✿ Klemmen Sie beim Backen von Baisers einen Kochlöffel zwischen die Backrohrtür und das Backrohr. So kann die Feuchtigkeit entweichen und das Baiser wird schön trocken.

Rührteig

Rührteig wird für Kuchen, Muffins
oder Gugelhupf verwendet.

Zutaten

Rührteig besteht im Wesentlichen aus Zucker, Eiern, Butter oder Margarine, Mehl und Backpulver.

Zubereitung

Beim Rührteig werden, wie der Name schon ausdrückt, die Zutaten verrührt. Dadurch wird Volumen in den Teig gebracht, was ihn flaumig macht.

Tipps & Tricks zum Rührteig

✿ Die Konsistenz des Teiges hängt von der Abfolge ab, in der die Zutaten verrührt werden. Wenn Sie Fett und Zucker zuerst schaumig rühren und dann die Eier einzeln beimengen, wird der Kuchen sehr flaumig und leicht. Rührt man Eier und Zucker schaumig und gibt erst dann das Fett dazu, besteht die Gefahr, dass die Eier ausflocken. Bei schweren Kuchenmassen (z. B. für einen Blechkuchen) werden alle Zutaten gleichzeitig verrührt.

✿ In das Mehl eingesiebtes Backpulver macht den Kuchen locker. Das Mehl wird nur mehr unter die Masse gezogen (d. h. mit einigen wenigen Schlägen untergemischt). Rührt man das Mehl zu stark ein, so können der Teig klebrig und der Kuchen speckig werden.

✿ Rührteige werden in der Küchenmaschine ganz bequem sehr schaumig gerührt. Haben Sie nur ein Handmixgerät oder setzen Sie Muskelkraft mit dem Handbesen ein, dann sollten Sie die Eier trennen. Schlagen Sie das Eiklar mit einer Prise Salz separat steif und ziehen Sie dieses unter die Eidotter-Zucker-Fett-Masse. Das erleichtert Ihnen die Arbeit und der Kuchen wird flaumig und locker.

Die Füllungen

Füllen & Verzieren mit Cremen und Marmeladen

Die passende Füllung macht den zart gebackenen Keks erst perfekt. Und fruchtige Marmeladen zwischen flaumigen Schnitten verleihen dem Gebäck eine besondere Saftigkeit.

Tipps & Tricks rund um die Füllung

✿ Kekse mit cremigen Füllungen sind kürzer haltbar und sollten daher schneller verzehrt werden.

✿ Lassen Sie Füllungen etwas rasten, damit die Masse anziehen kann. Die Zutaten verbinden sich so besser.

✿ Marmelade (oder wie es ja eigentlich korrekt heißt: Konfitüre) vor dem Gebrauch mit etwas Rum passieren, damit es keine zu groben Stückchen im Weihnachtsgebäck gibt.

Mohnfülle

Zutaten

200 ml Milch | 1 Msp. Zimt | 50 g Kristallzucker 50 g Honig | 200 g gemahlener Mohn | 2 EL Rum 1 EL Powidl

Zubereitung

Milch, Zimt, Zucker und Honig aufkochen lassen. Den Mohn hinzufügen und kurz mitkochen. Von der heißen Herdplatte nehmen und etwas auskühlen lassen. Zum Schluss Rum und Powidl einrühren.

Nussfülle

Zutaten

200 g gerieben Nüsse | 80 g Staubzucker 80 g Honig | 3 EL Rum | 1 Eiklar | 1 Packung Vanillezucker, 1 Msp. Zimt

Zubereitung

Alle Zutaten miteinander vermengen und eine Stunde anziehen lassen. Sollte die Masse zum Spritzen oder Streichen zu fest sein, noch etwas Rum oder Wasser untermischen.

Kürbiskernfülle

Zutaten

250 g geröstete und gemahlene Kürbiskerne 100 ml Milch | 100 g Kristallzucker | 1 Packung Vanillezucker | 1 TL Zimt | 50 g süße Brösel (z. B. von zerbrochenen Keksen od. gekauften Butterkeksen) | 1 TL Kürbiskernöl | 1 EL Rum | 1 Eiklar

Zubereitung

Die Kürbiskerne und Brösel in einer Pfanne kurz anrösten. Milch, Zucker, Vanillezucker und Zimt aufkochen lassen. Die Kürbiskern-Brösel-Mischung mit der Flüssigkeit vermischen. Nach kurzem Überkühlen Rum, Öl und Eiklar einrühren.

Kürbiskernschaum

Zutaten

**2 Eiklar | 1 Prise Salz | 140 g Staubzucker
200 g geriebene Kürbiskerne**

Zubereitung

Das Eiklar mit einer Prise Salz und der Hälfte des Zuckers steif anschlagen. Den restlichen Zucker hinzufügen und zu festem Schnee fertig schlagen. Zum Schluss die geriebenen Kürbiskerne vorsichtig untermengen.

Pariser Creme

Zutaten

250 ml Schlagobers | 250 g Schokolade

Zubereitung

Schokolade in kleine Stücke zerteilen. Schlagobers einmal kurz aufkochen lassen. Bei schwacher Hitze die zerkleinerte Schokolade in das Schlagobers einrühren. Wenn die Masse cremig ist, kühl stellen. Die abgekühlte Masse dann mit dem Handmixer noch einmal wie Schlagobers aufschlagen, so wird sie besonders schaumig. Die Creme kann mit verschiedenen Aromen wie Rum, Schokolikör, Kaffeelikör oder Kokoslikör verfeinert werden.

Butter-Pudding-Creme

Zutaten

250 g Butter | 250 g Staubzucker | 1 Packung Vanillezucker | 1 EL Rum | 1 Packung Vanillepudding | 500 ml Milch | 60 g Kristallzucker

Zubereitung

Vanillepudding nach Packungsanleitung zubereiten und dann so kalt rühren, dass keine Haut entsteht. Butter, Staubzucker, Vanillezucker und Rum schaumig rühren und die Puddingmasse hinzufügen. Die Masse noch einmal gut aufschlagen.

Varianten

Buttercreme und Butter-Pudding-Creme lassen sich durch Beigabe von ca. 150 g geschmolzener Schokolade, 3–4 EL Kakao, von etwas einreduziertem Kaffee, einem Likör oder Fruchtmark beliebig variieren.

Eierlikörcreme

Zutaten

**500 ml Milch | 1 Packung Vanillepudding
60 g Kristallzucker | 1/8 l Eierlikör | 200 g Butter
100 g Staubzucker | 1 EL Zitronensaft**

Zubereitung

Vanillepudding nach Packungsanleitung kochen und kalt rühren. Butter, Staubzucker und Zitronensaft schaumig schlagen. Den erkalteten Pudding mit dem Eierlikör vermengen und in die Buttercrememasse gut einrühren.

Punschmasse

Zutaten

15 Stk. Biskotten (oder Butterkekse)
5 EL Rum | 3 EL Kaffee | 100 g weiche Butter
100 g Staubzucker | 200 g gehackte Nüsse
100 g geschmolzene Schokolade
100 g Marmelade

Zubereitung

Biskotten bröselig zerkleinern. Rum, Kaffee, Staubzucker und weiche Butter über die Brösel geben und gut mischen. Die Masse etwas anziehen lassen und die gehackten Nüsse, die geschmolzene Schokolade und die Marmelade unterkneten.

Buttercreme

Zutaten

250 g Butter | 250 g Staubzucker
1 Packung Vanillezucker | 1 EL Rum

Zubereitung

Butter, Zucker, Vanillezucker und Rum gut schaumig rühren.

Schokoladecreme

Zutaten

Wie für die Butter-Pudding-Creme (Rezept siehe linke Seite) | 150 g geschmolzene Schokolade

Zubereitung

Geschmolzene Schokolade in die Butter-Pudding-Creme vorsichtig einrühren.

Die Glasuren

Glasuren verschönern Backwaren nicht nur, sie verhindern auch, dass diese austrocknen. Mit einigen wenigen Standardglasuren können Sie bereits eine schöne Vielfalt an Keksen und Weihnachtsgebäck überziehen.

Tipps & Tricks für die perfekte Glasur

✿ Lassen Sie das Backgut abkühlen, bevor sie es überziehen, da es sonst aufgeweicht wird.

✿ Für großflächig zu überziehendes Backgut (Rehrücken, Schnitten, Torten etc.) empfiehlt es sich, die gebackene und abgekühlte Masse mit fein passierter Marmelade zu bestreichen. So erhalten Sie eine besonders glatte Glasuroberfläche.

✿ Die Glasur ist fertig, wenn Sie den Kochlöffelstiel in die Glasur tauchen und der Stiel vollständig überzogen ist, ohne zu viel zu tropfen.

✿ Für Anfänger ist eine flüssigere Glasur unter Umständen einfacher zu verwenden. Lassen Sie in diesem Fall die Glasur trocknen und überziehen Sie das Backgut ein zweites Mal.

✿ Schön glänzende Glasuren erhalten Sie, wenn Sie der Schokoladeglasur etwas Öl beigeben und der Zuckerglasur etwas Milch.

✿ Sieben Sie den Staubzucker, damit keine Brocken in die Glasur kommen.

✿ Zuckerglasuren können Sie ganz leicht einfärben. Dafür eignen sich verschiede Siruparten, Kaffee, Kakao oder Liköre. Natürlich können Sie auch Lebensmittelfarben verwenden.

✿ Glasuren können Sie mit einem Pinsel auftragen oder mit einem Messer. Viele Kekse können Sie aber ganz einfach und unkompliziert per Hand in die Glasur tauchen.

✿ Die benötigte Glasurmenge richtet sich danach, wie dick der Überzug gewünscht wird oder wie tief z. B. Kipferlspitzen eingetaucht werden. Auch die Größen der Keksausstecher variieren. Daher ist eine genaue Mengenangabe bei Glasuren nicht sinnvoll. Wir geben bei den folgenden Glasuren die Menge für z. B. einen Rehrücken oder eine Torte (Standardgröße 24 cm Durchmesser) an.

Schokoladeglasur

Zutaten

250 g Kochschokolade oder Kuvertüre
200 g Margarine | 1 EL Sonnenblumenöl (neutraler Geschmack)

Zubereitung

Im Wasserbad die Margarine schmelzen. Die Schokolade zerkleinern, zu der geschmolzenen Margarine hinzugeben und weich werden lassen. Dabei immer umrühren. Die Schokolade soll keinesfalls zu heiß werden. Achten Sie darauf, dass kein Wasser in die Schokolademasse eindringt; die Schokoladeglasur wird sonst bröckelig und grau. Wenn die Schokolademasse schön glatt gerührt ist, das Öl untermischen und abkühlen lassen. Nun die Schokolade wieder langsam erwärmen. Durch dieses zweite Anwärmen wird die Schokoladeglasur schön glänzend.

Zuckerglasur
(weiß, Standard)

Zutaten

250 g Staubzucker | heißes Wasser
Zitronensaft | 1 EL Milch

Zubereitung

Rühren Sie langsam Wasser und Zitronensaft in den gesiebten Staubzucker, bis sich eine geschmeidig-flüssige Masse bildet. Rühren Sie nun noch die Milch unter.

Eiklarglasur
(für Lebkuchen)

Zutaten

250 g Staubzucker
1 Eiklar

Zubereitung

Beide Zutaten gut verrühren. Diese Glasur eignet sich besonders für Lebkuchen. Sie können die Glasur mit Lebensmittelfarben nach Ihren Wünschen einfärben. Alternativ können Sie auch einen Sirup oder Likör zum Färben verwenden. In diesem Fall etwas mehr Staubzucker verwenden.

Kaffeeglasur

Zutaten

250 g Staubzucker | heißes Wasser
einreduzierter Kaffee
1 EL Milch

Zubereitung

Kochen Sie Kaffee und lassen Sie diesen in einem Kochtopf langsam einreduzieren, bis sich eine zähflüssige Masse bildet. Dadurch erhält die Glasur die schöne moccabraune Farbe. Rühren Sie langsam Wasser und Kaffee in den gesiebten Staubzucker, bis sich eine geschmeidig-flüssige Masse bildet. Rühren Sie nun noch die Milch unter.

Punschglasur

Zutaten

250 g Staubzucker | heißes Wasser | Rum
Himbeersirup oder Holundersirup | alternativ: rote Lebensmittelfarbe

Zubereitung

Rühren Sie langsam Wasser und Rum in den gesiebten Staubzucker, bis sich eine geschmeidig-flüssige Masse bildet.

Rezepte

Schneeflöckchen

Mürbteig (siehe Grundrezept S. 14)
Vanillezucker | Staubzucker
Marillenmarmelade

Zubereitung

Mürbteig wie im Grundrezept beschrieben herstellen. Das Backrohr auf 170 °C Heißluft vorheizen. Den Teig auf einer mit Mehl bestreuten Arbeitsfläche auswalken. Schneeflöckchen ausstechen. Die Kekse auf ein mit Backpapier ausgelegtes Backblech legen und ca. 12 Minuten backen lassen. Jeweils zwei Kekse mit Marillenmarmelade zusammenkleben und mit einer dicken Schicht Staubzucker bestreuen.

Foto links: Schneeflöckchen

Orangenringerln

**100 g Staubzucker | 120 g Butter | 1 Eidotter | 1 EL Orangensaft
220 g glattes Mehl | Eidotter, vermischt mit etwas Milch, zum Bestreichen
Hagelzucker und geriebene, unbehandelte Orangenschale zum Bestreuen**

Zubereitung

Die Butter mit dem Zucker sehr schaumig rühren und das Eidotter unterrühren. Den Orangensaft beifügen. Das Mehl untermengen und rasch zu einem Teig verkneten. Im Kühlschrank zwei Stunden rasten lassen. Backrohr auf 170 °C Heißluft vorheizen. Den Teig auf einer mit Mehl bestreuten Arbeitsfläche auswalken und Ringe ausstechen. Auf ein mit Backpapier ausgelegtes Backblech legen, mit verquirltem Eidotter-Milch-Gemisch bestreichen und mit Hagelzucker und Orangenschale bestreuen. Ca. 12 Minuten backen.

Mürbteigkekse mit Kürbiskernschaum

**Mürbteig (siehe Grundrezept S. 14) | 80 g fein gehackte Kürbiskerne
140 g Staubzucker | 3 Eiklar | 1 Prise Salz | Marillenmarmelade**

Zubereitung

Mürbteig wie im Grundrezept beschrieben herstellen. Das Backrohr auf 150 °C Heißluft vorheizen. Eiklar mit 1/3 des Zuckers und einer Prise Salz steif schlagen. Den Rest des Zuckers nach und nach einrühren. Die geriebenen Kürbiskerne vorsichtig einrühren. Den Teig auf einer mit Mehl bestreuten Arbeitsfläche auswalken. Mit einem Keksausstecher runde Scheiben ausstechen. Die Keksscheiben auf ein mit Backpapier ausgelegtes Backblech legen. Den Kürbiskernschaum in einen Spritzsack füllen und auf die Hälfte der Scheiben Schaumringe aufspritzen. Ca. 20 Minuten backen. Nach dem Auskühlen mit Marmelade jeweils einen Keksboden und eine Keksscheibe mit Kürbiskernschaum zusammenkleben.

Orangenringerln | Nussringerln | Mürbteigkekse mit Kürbiskernschaum | Mohnringerln (im Uhrzeigersinn)

Windringerln

3 Eiklar | 240 g Staubzucker | Prise Salz | Zuckerstreusel zum Dekorieren

Zubereitung

Die Hälfte des Staubzuckers mit dem Eiklar und einer Prise Salz sehr steif schlagen. Die Masse ist steif genug, wenn Sie den Topf umdrehen können, ohne dass die Masse herausrutscht. Den Rest des Zuckers dann locker einrühren. Die Masse in einen Spritzsack füllen. Auf ein mit Backpapier ausgelegtes Backblech Ringerln oder andere Formen Ihrer Wahl aufspritzen. Bei ca. 90 °C eine Stunde im Backrohr mehr trocknen als backen. Die Windringerln sind fertig, sobald sich eine ganz zarte Bräunung zeigt.

Nussherzerln

Mürbteig (siehe Grundrezept S. 14)
80 g gehackte Haselnüsse | Marmelade

Zubereitung

Mürbteig wie im Grundrezept beschrieben herstellen. Das Backrohr auf 170 °C Heißluft vorheizen. Den Teig auf einer mit Mehl bestreuten Arbeitsfläche auswalken und herzförmige Kekse ausstechen. In die Hälfte der Herzen ein kleines Loch stechen. Die Keksherzen auf ein mit Backpapier ausgelegtes Backblech legen. Die gelochten Herzen mit Eidotter bestreichen und mit gehackten Nüssen bestreuen. Ca. 12 Minuten backen und danach auskühlen lassen. Mit Marmelade jeweils einen Keksboden mit einem Nussherz zusammenkleben.

Karlsbader Ringerln | Kürbiskernringerln | Nussherzerln | Windringerln (im Uhrzeigersinn)

Mandelringe

Mürbteig (siehe Grundrezept S. 14)
Marillenmarmelade | 80 g Mandelblättchen

Zubereitung

Mürbteig wie im Grundrezept beschrieben herstellen.
Das Backrohr auf 170 °C Heißluft vorheizen. Den Teig auf einer mit Mehl bestreuten Arbeitsfläche auswalken. Runde Kekse ausstechen.
In die Hälfte der Scheiben ein großes Loch stechen. Die Kekse auf ein mit Backpapier ausgelegtes Backblech legen. Die gelochten Scheiben mit Eidotter-Milch-Gemisch bestreichen und mit den Mandelblättchen bestreuen. Ca. 12 Minuten backen lassen.
Mit Marmelade jeweils einen gelochten mit einem ungelochten Keks zusammenkleben.

Kürbisblumen

Mürbteig (siehe Grundrezept S. 14)
Marillenmarmelade | Eidotter | Kürbiskerne zum Verzieren

Zubereitung

Mürbteig wie im Grundrezept beschrieben herstellen.
Das Backrohr auf 170 °C Heißluft vorheizen. Den Teig auf einer mit Mehl bestreuten Arbeitsfläche auswalken. Runde Blumen-Kekse ausstechen, in die Hälfte der Scheiben ein großes Loch stechen. Die Kekse auf ein mit Backpapier ausgelegtes Backblech legen. Die gelochten Blumen mit Eidotter-Milch-Gemisch bestreichen und mit Kürbiskernen belegen. Ca. 12 Minuten backen. Mit Marmelade jeweils einen gelochten mit einem ungelochten Keks zusammenkleben.

Mandelringe | Kürbisblumen | Puddingblumen | Dinkelaugen (im Uhrzeigersinn)

Dinkelaugen

80 g Staubzucker | 2 Eidotter | 160 g Butter | 240 g Dinkelmehl
1 Päckchen Vanillezucker | Marmelade

Zubereitung

Alle Zutaten in eine Schüssel oder auf eine Arbeitsfläche geben und mit den Händen rasch zu einem Mürbteig zusammenkneten. Vor dem Verarbeiten im Kühlschrank in Klarsichtfolie verpackt zwei Stunden rasten lassen. Backrohr auf 170 °C Heißluft vorheizen. Den Teig auf einer mit Mehl bestreuten Arbeitsfläche auswalken. Runde Kekse ausstechen, in die Hälfte der Scheiben ein kleines Loch ausstechen. Die Kekse auf ein mit Backpapier ausgelegtes Backblech legen und ca. 12 Minuten backen lassen. Die Hälfte der Kekse mit Marmelade bestreichen. Die gelochten Scheiben mit Staubzucker bestreuen und auf die mit Marmelade bestrichenen kleben.

Puddingblumen

Mürbteig (siehe Grundrezept S. 14) | 1 Packung Vanillepuddingpulver
100 g Staubzucker | 200 g Butter | Eierlikör

Zubereitung

Mürbteig wie im Grundrezept beschrieben herstellen. Das Backrohr auf 170 °C Heißluft vorheizen. Den Teig auf einer mit Mehl bestreuten Arbeitsfläche auswalken. Blumen ausstechen. Bei der Hälfte der Kekse ein Loch stechen. Die Kekse auf ein mit Backpapier ausgelegtes Backblech legen und ca. 12 Minuten backen lassen. In der Zwischenzeit die Puddingcreme vorbereiten: Pudding laut Packungsanleitung zubereiten und im kalten Wasserbad kalt rühren, so dass keine Haut entsteht. Butter mit Staubzucker schaumig rühren. In diese Masse den kalten Pudding einrühren. Nach Wunsch mit etwas Eierlikör verfeinern. Kekse auskühlen lassen und die Keksböden mit Puddingcreme bestreichen. Staubzucker auf die Kekse mit Loch streuen. Die gezuckerten Kekse auf die mit Creme bestrichenen setzen.

Sternenblumen

Mürbteig (siehe Grundrezept S. 14) | Marillenmarmelade
Staubzucker zum Bestreuen

Zubereitung

Mürbteig wie im Grundrezept beschrieben herstellen. Das Backrohr auf 170 °C Heißluft vorheizen. Den Teig auf einer mit Mehl bestreuten Arbeitsfläche auswalken und mit einem Ausstecher Sternenblumen ausstechen. Bei der Hälfte der Sternenblumen ein Innenloch ausstechen. Ca. 12 Minuten backen und auskühlen lassen. Die Sternenblumen mit ausgestochenem Loch mit Staubzucker bestreuen. Die Keksböden mit der Marmelade bestreichen. Einen bezuckerten Keks auf den mit Marmelade bestrichenen setzen. In die Mitte des Marmeladekreises eine Pistazie oder gehackte Kürbiskerne setzen.

Husarenkrapferln

220 g Butter | 100 g Staubzucker | 1 Packung Vanillezucker | Prise Salz
Saft einer halben Zitrone | 1 EL Rum | 3 Eidotter | 270 g glattes Mehl
1 TL Backpulver | 50 g geriebene Haselnüsse | Marmelade

Zubereitung

Butter, Staubzucker, Salz und Vanillezucker schaumig rühren. Zitronensaft und Rum beimengen. Die Eidotter einzeln einrühren. Mehl mit Backpulver versieben und mit den Haselnüssen vermischen. Die beiden Massen verkneten. Den Teig im Kühlschrank 2 Stunden rasten lassen. Das Backrohr auf 170 °C Heißluft vorheizen. Den Teig in 3–4 Teile schneiden und daraus jeweils eine Rolle formen. Von diesen Strängen Scheiben herunterschneiden und zu ca. 2 cm großen Kugeln rollen. Diese auf ein mit Backpapier ausgelegtes Backblech setzen und etwas flach drücken. In die Mitte mit einem Kochlöffelstiel eine Vertiefung drücken. Diese mit Marmelade füllen. Ca. 15 Minuten backen, auskühlen lassen und mit Zucker bestreuen.

Zusätzlich können Sie vor dem Backen den Rand der Husarenkrapferln mit einem Ei-Milch-Gemisch bestreichen und mit Mandelplättchen bestreuen.

Kirsch-Mandel-Kekse

80 g Staubzucker | 1 Eidotter | 160 g Butter | 240 g glattes Mehl 1 Packung Vanillezucker | Kirschmarmelade zum Kleben Mandelhälften zum Verzieren

Zubereitung

Alle Zutaten in eine Schüssel oder auf eine Arbeitsfläche geben und mit den Händen rasch zu einem Mürbteig zusammenkneten. Vor dem Verarbeiten im Kühlschrank mit Klarsichtfolie abgedeckt zwei Stunden rasten lassen. Das Backrohr auf 170 °C Heißluft vorheizen. Den Teig auf einer mit Mehl bestreuten Arbeitsfläche auswalken und mit einem Ausstecher Scheiben ausstechen. Auf einem mit Backpapier ausgelegten Backblech die ausgestochenen Kekse anordnen und ca. 12 Minuten backen. Die ausgekühlten Kekse mit Kirschmarmelade zusammenkleben. Oben auf dem Keks einen Marmeladentupfer oder einen Cremetupfer aufbringen und eine halbe Mandel daraufsetzen.

Linzer Augen

450 g glattes Mehl | 300 g zimmerwarme Butter | 150 g Staubzucker 1 Eidotter | 1 Packung Vanillezucker | 1 EL Rum | 1 Prise Salz Ribiselmarmelade

Zubereitung

Mehl, Butter, Staubzucker und Eidotter rasch zu einem Mürbteig verkneten. Den fertigen Teig zwei Stunden rasten lassen. Das Backrohr auf 170 °C Heißluft vorheizen. Den Teig auf einer mit Mehl bestreuten Arbeitsfläche auswalken. Runde Kekse ausstechen, in die Hälfte der Scheiben drei kleine Löcher stechen. Die Keksscheiben auf ein mit Backpapier ausgelegtes Backblech legen und ca. 12 Minuten backen lassen. Die vollen Keksscheiben mit Ribiselmarmelade bestreichen. Die gelochten Scheiben mit Staubzucker bestreuen und auf die vollen Keksscheiben kleben.

Sternenblumen | Husarenkrapferln | Linzer Augen | Kirsch-Mandel-Kekse (im Uhrzeigersinn)

Bananensterne

100 g Staubzucker | 150 g Butter | 1 Packung Vanillezucker | 1 Eidotter 250 g glattes Mehl | 80 g getrocknete Bananenchips.

Zubereitung

Die getrockneten Bananenscheiben grob zerbröseln. Aus Mehl, Butter, Zucker, Vanillezucker, 50 g der zerbröselten Bananenchips und Eidotter rasch einen Mürbteig verkneten. Den Teig kühl lagernd zwei Stunden rasten lassen.
Das Backrohr auf 170 °C Heißluft vorheizen. Den Teig auf einer mit Mehl bestreuten Arbeitsfläche auswalken und mit einem Ausstecher Sterne ausstechen.
Die Sterne auf ein mit Backpapier ausgelegtes Blech legen und ca. 12 Minuten backen lassen. Die Sterne mit Schokoladeglasur (siehe Seite 23) und einigen zerbröselten Bananenchips verzieren.

Beschwipste Weihnachtssterne

Mürbteig (siehe Grundrezept S. 14) | 120 g Staubzucker | 4 EL Eierlikör Staubzucker zum Bestreuen

Zubereitung

Murbteig wie im Grundrezept beschrieben herstellen. Das Backrohr auf 170 °C Heißluft vorheizen. Den Teig auf einer mit Mehl bestreuten Arbeitsfläche auswalken. Sterne ausstechen. In die Hälfte der Sterne einen Innenstern ausstechen. Die Kekse auf ein mit Backpapier ausgelegtes Backblech legen und ca. 12 Minuten backen lassen.
In der Zwischenzeit die Eierlikörcreme (siehe Seite 20) vorbereiten. Nach dem Backen die Kekse auskühlen lassen. Die Sterne mit ausgestochenem Innenstern mit Staubzucker bestreuen. Die Keksböden mit der Eierlikörcreme bestreichen. Einen bezuckerten Keks auf den mit Creme bestrichenen setzen.

Zimtsterne

3 Eiklar | 250 g Staubzucker | 1 Prise Salz | 1 EL Zitronensaft
1 TL Zimt | 400 g geriebene Mandeln

Zubereitung

Eiklar mit der Prise Salz anschlagen und den Staubzucker nach und nach einrieseln lassen. Fertig steif schlagen und den Zitronensaft einrühren. 1/4 der Masse zur Seite stellen. Die gemahlenen Mandeln mit dem Zimt vermischen und in die restliche Eischneemasse einmengen. Eine Stunde gekühlt rasten lassen. Das Backrohr auf 170 °C Heißluft vorheizen. Den Teig auf einer mit Staubzucker bestreuten Arbeitsfläche auswalken. Sterne ausstechen und diese auf ein mit Backpapier ausgelegtes Backblech setzen. Die beiseite gestellte Eischneemasse nun auf die Sterne aufstreichen und ca. 15 Minuten backen.

Mürbes Spritzgebäck

140 g Butter | 140 g Staubzucker | 1 Packung Vanillezucker | 2 Eier
2 EL Rum | Saft einer halben Zitrone | 270 g glattes Mehl | Marmelade
Schokolade und Butter für die Glasur

Zubereitung

Das Backrohr auf 180 °C Heißluft vorheizen. Butter, Zucker und Vanillezucker schaumig rühren. Die beiden Eier einrühren. Rum und Zitronensaft hinzufügen. Zum Schluss das Mehl untermischen.

Die Masse in einen Spritzsack mit Sterntülle (z. B. Größe 7–8) füllen und auf ein mit Backpapier ausgelegtes Backblech Kipferln, Busserln oder Stangerln dressieren. Ca. 15 Minuten backen und auskühlen lassen.

Jeweils zwei Kekse mit Marmelade zusammenkleben und in Schokoladeglasur (siehe Seite 23) tauchen.

Uhudlersterne

Mürbteig (siehe Grundrezept S. 14) | 120 g Staubzucker für die Creme
Uhudler-Marmelade zum Füllen | Staubzucker zum Bestreuen

Zubereitung

Mürbteig wie im Grundrezept beschrieben herstellen. Das Backrohr auf 170 °C Heißluft vorheizen. Den Teig auf einer mit Mehl bestreuten Arbeitsfläche auswalken. Sterne ausstechen. Bei der Hälfte der Kekse ein Loch ausstechen. Die Kekse auf ein mit Backpapier ausgelegtes Backblech legen und ca. 12 Minuten backen lassen.
Nach dem Auskühlen die Kekssterne mit dem Loch mit Staubzucker bestreuen. Mit Uhudler-Marmelade oder anderer dunkler Marmelade jeweils einen Keksboden mit einem gelochten Stern zusammenkleben.

Punschhalbmonde

Mürbteig (siehe Grundrezept S. 14) | Schokoladesterne
Punschglasur | Marillenmarmelade

Zubereitung

Mürbteig wie im Grundrezept beschrieben herstellen.
Das Backrohr auf 170 °C Heißluft vorheizen. Den Teig auf einer mit Mehl bestreuten Arbeitsfläche auswalken. Halbmondförmige Kekse ausstechen. Die Kekshalbmonde auf ein mit Backpapier ausgelegtes Backblech legen und ca. 12 Minuten backen lassen.
Nach dem Auskühlen die Hälfte der Kekse mit Punschglasur (siehe Seite 24) bestreichen und mit Schokoladesternen bestreuen. Trocknen lassen. Danach mit Marmelade jeweils einen Punschkeks mit einem Keksboden zusammenkleben.

Lebkuchensterne

250 g Honig | 70 ml geschmacksneutrales Öl | 125 g Rohrzucker 2 TL Lebkuchengewürz | 1 Prise Salz | 2 Eier | 400 g Roggenmehl 1/2 Packung Backpulver | 120 g geriebene Walnüsse | Eidotter vermischt mit etwas Milch, zum Bestreichen

Zubereitung

Honig, Öl und Rohrzucker aufkochen und wieder abkühlen lassen. Die Gewürze, das Salz und die Eier einrühren. Das Mehl mit dem Backpulver versieben, mit den Nüssen vermischen und mit der Honigmasse verkneten. Den Teig einige Stunden gekühlt rasten lassen. Das Backrohr auf 200 °C Heißluft vorheizen. Den Teig auf einer mit Mehl bestreuten Arbeitsfläche auswalken und Sterne ausstechen. Auf ein mit Backpapier ausgelegtes Blech legen und mit einem Eidotter-Milch-Gemisch bestreichen. Ca. 10 Minuten backen. Abkühlen lassen, mit Mandeln oder kandierten Früchten verzieren.

Sterntürmchen

240 g glattes Mehl | 160 g Butter | 80 g Staubzucker | 1 Eidotter 1 Packung Vanillezucker | 1 TL Zimt und gemahlene Gewürznelken (mischen) Zucker und Zimt zum Bestreuen | Marmelade

Zubereitung

Alle Zutaten in eine Schüssel oder auf eine Arbeitsfläche geben und mit den Händen rasch zu einem Mürbteig zusammenkneten. Vor dem Verarbeiten im Kühlschrank mit Klarsichtfolie abgedeckt zwei Stunden rasten lassen. Das Backrohr auf 170 °C Heißluft vorheizen. Den Teig auf einer mit Mehl bestreuten Arbeitsfläche auswalken. Verschieden große Sterne ausstechen, auf ein mit Backpapier ausgelegtes Backblech legen und ca. 12 Minuten backen lassen. Die einzelnen Sterne versetzt mit Marmelade Ihrer Wahl zusammenkleben. Mit einem Zucker-Zimt-Gemisch bestreuen.

Uhudlersterne | Punschhalbmonde | Sterntürmchen | Lebkuchensterne (im Uhrzeigersinn)

Schokoladeküsse

110 g Zucker | 110 g Butter | 1 Eidotter | 120 g Schokolade | 200 g glattes Mehl
1 EL Kakao | 2 TL Backpulver | 1 TL Zimt

Zubereitung

Die Schokolade mit Butter über Wasserdampf schmelzen und danach etwas abkühlen lassen.
Das Backpulver in das Mehl einsieben und mit Zimt und Kakao vermischen. Den Zucker langsam unter die Schokolade rühren. Zum Schluss Eidotter beimengen. Gemeinsam mit der Mehlmischung einen Teig kneten. Diesen zwei Stunden gekühlt ruhen lassen.
Backrohr auf 160 °C Heißluft vorheizen. Danach aus dem Teig kleine Kugeln formen. Etwas flach drücken und auf ein mit Backpapier ausgelegtes Backblech legen. Ca. 12 Minuten backen.
Danach nach Belieben mit Staubzucker bestreuen oder mit etwas Marmelade und Hagelzucker oder Pistazien verzieren.

Himmelskrapferln

80 g Staubzucker | 1 Eidotter | 160 g Butter | 240 g glattes Mehl
1 Packung Vanillezucker | Marmelade
Für die Baisermasse: 3 Eiklar | 240 g Staubzucker | 1 Prise Salz

Zubereitung

Alle Zutaten in eine Schüssel oder auf eine Arbeitsfläche geben und mit den Händen rasch zu einem Mürbteig zusammenkneten. Vor dem Verarbeiten im Kühlschrank mit Klarsichtfolie abgedeckt zwei Stunden rasten lassen. In der Zwischenzeit die Hälfte des Staubzuckers mit dem Eiklar und einer Prise Salz steif anschlagen. Den Rest des Zuckers nach und nach einrühren und weiter steif schlagen. Backrohr auf 160 °C Heißluft vorheizen.
Den Teig auf einer mit ein wenig Mehl angestaubten Arbeitsfläche ausrollen und mit einem Ausstecher Kreise herstellen. Auf einem mit Backpapier ausgelegten Backblech die ausgestochenen Kekse anordnen und mit einem Spritzsack auf die Hälfte der Kreise schneckenförmig den Zuckerschnee aufspritzen. Ca. 20 Minuten backen und auskühlen lassen. Die Kekse ohne Baisermasse mit Marmelade bestreichen und mit einem Baiserkeks zusammenkleben.

Schokoladeküsse | Himmelskrapferln | Nero & Polo | Maronibusserln (im Uhrzeigersinn)

Himmlische Windhupferln

3 Eiklar | 100 g Feinkristallzucker | 10 g Vanillezucker
100 g fein gesiebter Staubzucker | Prise Salz

Zubereitung

Das Backrohr auf 80 °C Heißluft vorheizen. Eiklar mit einer Prise Salz anschlagen. Den Kristallzucker nach und nach einrieseln lassen und sehr steif schlagen. Zum Schluss Staub- und Vanillezucker einrühren.
Die Masse in einen Spritzsack füllen und auf ein mit Backpapier ausgelegtes Backblech Hupferln spritzen. Ca. 2 Stunden mehr trocknen als backen lassen. Schieben Sie einen Kochlöffel zwischen die Backrohrtür und das Backrohr, damit die Feuchtigkeit entweichen kann.

Pfeffernüsse

250 g Honig | 150 g Kristallzucker | 2 Eier | 10 g Hirschhornsalz
1/2 TL Zimt | 1/2 EL Lebkuchengewürz | 1/2 TL weißer Pfeffer | 500 g Mehl

Zubereitung

Den Honig erwärmen (nicht kochen) und den Kristallzucker darin auflösen. Auskühlen lassen. Eier, Hirschhornsalz und Gewürze untermischen.
Zum Schluss das Mehl einkneten. Den Teig über Nacht, am besten einige Tage rasten lassen. Das Backrohr auf 190 °C Heißluft vorheizen. Den Teig in 3–4 Teile schneiden und daraus jeweils eine Rolle formen. Von den Rollen Scheiben schneiden und diese zu walnussgroßen Kugeln formen. Diese auf ein mit Backpapier ausgelegtes Backblech setzen und 15 Minuten backen.
Die noch warmen Pfeffernüsse großzügig mit einer Zuckerglasur (siehe Seite 21) überziehen. Wollen Sie es so richtig pfeffrig? Geben Sie noch etwas weißen Pfeffer in die Zuckerglasur!

Haselnuss-Schäumchen | Schokoladeschaum-Zipferln | Pfeffernüsse | Himmlische Windhupferln (im Uhrzeigersinn)

Schneebällchen

Mürbteig (siehe Grundrezept S. 14) | 3 Eiklar | 240 g Staubzucker
Marillenmarmelade

Zubereitung

Mürbteig wie im Grundrezept beschrieben herstellen. Das Backrohr auf 150 °C Heißluft vorheizen. Die Eiklar mit einer Prise Salz aufschlagen. Sobald sie etwas fest werden, nach und nach den Zucker dazugeben und alles zu sehr steifem Schnee schlagen. Den Mürbteig ausrollen und runde Scheiben ausstechen.
Die Keksscheiben auf ein mit Backpapier ausgelegtes Backblech legen.
Den Eischnee in einen Spritzsack füllen und auf die Mürbteigscheiben spritzen.
Ca. 20 Minuten backen lassen. Nach dem Auskühlen jeweils zwei Kekse mit Marillenmarmelade zusammenkleben.

Haselnusskrapferln

150 g Staubzucker | 1 Packung Vanillezucker | 220 g zimmerwarme Butter
3 Eidotter | Prise Salz | 340 g glattes Mehl | ganze Haselnüsse
1 Ei, mit etwas Milch verquirlt

Zubereitung

Backrohr auf 170 °C Heißluft vorheizen. Zucker, Vanillezucker, Salz und Butter sehr schaumig rühren. Danach die Eidotter beigeben. Mehl hinzufügen und rasch zu einem Teig verarbeiten. Zwei Stunden gekühlt rasten lassen.
Aus dem Teig kleine Krapferln formen und diese auf ein mit Backpapier ausgelegtes Backblech setzen. In der Mitte der Krapferln mit einem Kochlöffelstiel eine kleine Einbuchtung machen und diese mit einer Haselnuss ausfüllen.
Die Krapferln mit einem verquirlten Ei überpinseln und ca. 15 Minuten backen.

Schneebällchen | Haselnusskrapferln | Mokkaschiffchen | Marzipanbrezeln (im Uhrzeigersinn)

Marzipanbrezeln

**300 g Blätterteig (Fertigprodukt) | 150 g Marzipan (Rohmasse)
3 TL Staubzucker | 2 Eidotter | Eidotter, vermischt mit etwas Milch, zum Bestreichen | Kristallzucker zum Bestreuen**

Zubereitung

Backrohr auf 180 °C Heißluft vorheizen. Marzipan in kleine Stücke schneiden und mit Zucker und Dotter zu einer glatten Masse vermengen. Arbeitsfläche mit etwas Mehl bestreuen. Den fertigen Blätterteig dünn ausrollen.
Die Marzipanmasse auf den Teig auftragen und diesen fest einrollen.
Aus den Rollen kleine Scheiben abschneiden und diese zu Brezelformen verbiegen.
Die Brezeln auf ein mit Backpapier ausgelegtes Blech legen, mit dem Ei-Milch-Gemisch bestreichen und ca. 10 Minuten backen lassen.
Die Brezeln schmecken frisch am besten!

Kokoskuppeln

**3 Eiklar | 180 g Staubzucker | Prise Salz | 140 g Kokosflocken
1 Packung Vanillepuddingpulver | Waffelblätter | Schokoladecreme
Schokoladeglasur**

Zubereitung

Backrohr auf 140 °C Heißluft vorheizen. Eiklar mit Staubzucker und einer Prise Salz steif schlagen. Kokosflocken mit Puddingpulver gut vermischen.
Mit einem Schneebesen vorsichtig in die Schneemasse unterheben.
Einen Spritzsack mit der Masse füllen und auf ein mit Backpapier ausgelegtes Backblech runde Busserln dressieren. Ca. 50 Minuten backen lassen.
Aus den Waffelblättern mit einem runden Ausstecher die Bodenscheiben herstellen. Die Scheiben mit der Schokoladecreme (siehe Seite 21) bestreichen und eine der gebackenen Kokoskuppeln daraufsetzen.
Den unteren Rand der Kuppel in Schokoladeglasur (siehe Seite 23) tauchen.

Mokkaschiffchen

Mürbteig (siehe Grundrezept S. 14) | Marillenmarmelade | Kaffeeglasur
Schokolademokkabohnen (im Supermarkt erhältlich)

Zubereitung

Mürbteig wie im Grundrezept beschrieben herstellen. Das Backrohr auf 170 °C Heißluft vorheizen. Den Teig auf einer mit Mehl bestreuten Arbeitsfläche auswalken. Die Keksschiffchen ausstechen und auf ein mit Backpapier ausgelegtes Backblech legen. Ca. 12 Minuten backen lassen. Jeweils zwei Kekse mit Marillenmarmelade zusammenkleben.
Mit Kaffeeglasur (siehe Seite 24) bestreichen und mit einer Schokolade-Mokkabohne belegen.

Karamellkekse

125 g Rohrzucker | 250 g zimmerwarme Butter | 1 Prise Salz
400 g glattes Mehl | 40 g Karamellpuddingpulver
Für den Karamell: 130 ml Schlagobers | 90 g Ahornsirup
100 g Kristallzucker | Schokolade zum Verzieren

Zubereitung

Zucker, Salz, Mehl und Puddingpulver vermischen und mit den zerkleinerten Butterstücken rasch zu einem Mürbteig verkneten. Den Teig ca. zwei Stunden in Klarsichtfolie gehüllt im Kühlschrank ruhen lassen. Backofen auf 170 °C Heißluft vorheizen. Den Teig auf einer mit Mehl bestreuten Arbeitsfläche etwas dicker ausrollen und mit einem runden Ausstecher Kreise ausstechen. Auf ein mit Backpapier ausgelegtes Backblech legen und mit einem Kochlöffelstiel in die Keks-Mitte eine Vertiefung drücken. Ca. 12 Minuten backen und auskühlen lassen.
In der Zwischenzeit die Karamell-Füllung vorbereiten: Zucker karamellisieren lassen. Dafür eine Pfanne erhitzen, den Kristallzucker einstreuen und zergehen lassen, ohne dabei umzurühren. Sobald der Zucker hellbraun und geschmolzen ist, das Schlagobers und den Ahornsirup dazuleeren. Aufkochen lassen und erst dann umrühren. Einige Minuten köchelnd eindicken lassen.
In die Vertiefung der ausgekühlten Kekse die Karamellmischung füllen und zum Abschluss mit Schokoladestreifen verzieren.

Kokostraum

6 Eier | 180 g Staubzucker | 1 Prise Salz | 180 g glattes Mehl
200 g Butter und 200 g Staubzucker für die Creme | 1 Packung Vanillezucker
Kokosflocken zum Wälzen

Zubereitung

Das Backrohr auf 180 °C Heißluft vorheizen. Eier, Salz und Zucker schaumig rühren. Mehl unterheben. Auf ein mit Backpapier ausgelegtes Backblech ca. 1 cm hoch auftragen und ca. 20 Minuten backen. Auskühlen lassen und mit einem Ausstecher Kreise herstellen. Für die Buttercreme Butter, Staubzucker und Vanillezucker schaumig rühren. Jeweils zwei Biskuitscheiben mit der Creme zusammenkleben und auf allen Seiten Creme verstreichen. In Kokosflocken wälzen.
Auf den fertigen Kokostraum mit etwas Creme einen kleinen Baiserkeks (siehe Rezept „Himmlische Windhupferln", Seite 51) aufkleben.

Schokoladetraum

280 g Staubzucker | 140 g Butter | 140 g geriebene Walnüsse
100 g geriebene Schokolade | 1 Eidotter | 30 g glattes Mehl | Marmelade
Schokolade | Hagelzucker

Zubereitung

Butter, Zucker und Eidotter schaumig rühren. Walnüsse, Schokolade und Mehl unterheben. Den Teig ca. 2 Stunden kühl rasten lassen. Das Backrohr auf 150 °C Heißluft vorheizen. Aus der Masse mit der Hand Kugeln formen. Die Hände immer wieder mit kaltem Wasser waschen, damit der Teig nicht zu warm wird.
Die Kugeln auf ein mit Backpapier ausgelegtes Backblech legen und etwas flach drücken und ca. 35 Minuten backen. Die fertigen Kekse mit Marmelade zusammenkleben. Eine Seite in Schokolade tunken und mit Hagelzucker bestreuen.

Karamellkekse | Kokoskuppeln | Schokotraum | Kokostraum (im Uhrzeigersinn)

Rumschnitten

5 Eier | 250 g Butter | 250 g Staubzucker | Prise Salz | 1 Packung Vanillezucker 100 g geriebene Nüsse | 150 g geriebene Schokolade | 150 g glattes Mehl 1/2 Packung Backpulver | Ribiselmarmelade
Für die Rumglasur: 250 g Staubzucker | heißes Wasser | Rum

Zubereitung

Backrohr auf 180 °C Heißluft vorheizen. Eier trennen. Eidotter, Butter, Staubzucker und Vanillezucker schaumig rühren. Das Eiklar mit einer Prise Salz steif schlagen. Nüsse, Schokolade, Mehl und das eingesiebte Backpulver vermischen und mit der Butter-Zucker-Masse vermengen. Vorsichtig den Eischnee unterheben.
Die Masse auf ein mit Backpapier ausgelegtes Backblech streichen und ca. 25 Minuten backen. Danach die noch heiße Masse mit Ribiselmarmelade bestreichen.
250 g Staubzucker mit Rum und heißem Wasser verrühren und die Schnitten damit glasieren. Abkühlen lassen und in Schnitten schneiden oder gewünschte Formen ausstechen.

Anis-Tacos

180 g Staubzucker | 3 Eier | 1 Packung Vanillezucker | 120 g glattes Mehl 120 g Maizena | 15 g gemahlener Anis

Zubereitung

Eier mit Zucker und Vanillezucker sehr schaumig schlagen. Mehl und Maizena mischen und den Anis dazugeben. Die Mehlmischung vorsichtig unter die Ei-Zucker-Masse unterheben. Die Masse in einen Spritzsack füllen und auf ein mit Backpapier ausgelegtes Backblech kleine Scheiben aufspritzen.
Bei 130 °C Heißluft ca. 30 Minuten backen. Die noch warmen Aniskekse vorsichtig vom Blech lösen und über einen Kochlöffelstiel klappen.
So entsteht die Taco-Form!

Rumschnitten | Anis-Tacos | Schoko-Viereckerln | Mandelbällchen (im Uhrzeigersinn)

Schoko-Viereckerln

Mürbteig (siehe Grundrezept S. 14) | 200 g Schokolade | 100 g Butter

Zubereitung

Mürbteig wie im Grundrezept beschrieben herstellen. Das Backrohr auf 170 °C Heißluft vorheizen. Den Teig auf einer mit Mehl bestreuten Arbeitsfläche auswalken.
Mit einem Keksausstecher Vierecke herstellen. Die Keksvierecken auf ein mit Backpapier ausgelegtes Backblech legen und ca. 12 Minuten backen und auskühlen lassen.
Die Hälfte der Viereckerln mit Marmelade bestreichen. Die restlichen Kekse zur Hälfte in Schokoladeglasur (siehe Seite 23) tauchen und sofort auf einen mit Marmelade bestrichenen Keksboden setzen. Trocknen lassen.

Burgenländerkipferln

400 g glattes Mehl | 250 g Butter | 3 Eiklar | 60 ml Milch | 1 Prise Salz
300 g Hefe | 3 TL Staubzucker | Vanillezucker zum Bestreuen
Für die Fülle: 3 Eiklar | 250 g Staubzucker | 250 g gehackte Nüsse

Zubereitung

Das Backrohr auf 180 °C Heißluft vorheizen. Die Hefe und den Zucker in der leicht erwärmten Milch auflösen und mit den restlichen Zutaten mischen. Rasch zu einem geschmeidigen Hefeteig kneten. Obwohl es sich um einen Hefeteig handelt, den Teig in diesem Fall ca. eine Stunde im Kühlschrank rasten lassen.
Den Teig in 4–5 gleich große Teile portionieren. Für die Fülle die Eiklar mit dem Staubzucker zu festem Schnee schlagen. Die Teigstücke ausrollen und mit dem Eischnee bestreichen. Dabei nicht bis zu den äußeren Rändern streichen.
Die gehackten Nüsse darüberstreuen. Den Teig nun wie einen Strudel eng einrollen. Mit einem runden Ausstecher aus diesen Rollen Kipferln ausstechen oder Scheiben abschneiden und mit der Hand Kipferln formen.
Die Kipferln auf ein Blech legen und mit verquirltem Ei-Gemisch (Eidotter mit ein wenig Milch) bestreichen. Ca. 10 Minuten backen.
Vanillezucker und Staubzucker vermischen und auf die noch heißen Kipferln streuen.

Mandelbällchen

260 g Zucker | 3 Eiklar | 1 Packung Vanillezucker | 200 g geriebene Mandeln 120 g geriebene Haselnüsse | ganze Haselnüsse zum Verzieren

Zubereitung

Backrohr auf 110 °C Heißluft vorheizen. Eiklar mit einer Prise Salz steif anschlagen. Zucker und Vanillezucker mischen und nach und nach unter den Eischnee mischen und weiterschlagen, bis der Schnee steif ist. Einen kleinen Teil der Masse zum Verzieren der Kekse aufbewahren. Zum restlichen Teil die Mandeln und Haselnüsse dazumischen. Kleine Kugeln formen.
Befeuchten Sie Ihre Hände mit kaltem Wasser, damit der Teig nicht kleben bleibt.
Auf ein mit Backpapier ausgelegtes Backblech setzen.
Den restlichen Schnee mit einem Spritzsack auf die Kugeln aufspritzen.
Setzen Sie in den Schnee jeweils eine ganze Haselnuss.
Im Backrohr ca. 30 Minuten backen.

Dinkel-Klosterkipferln

210 g Dinkelmehl | 170 g zimmerwarme Butter | 140 g geriebene Haselnüsse 100 g Staubzucker | 1 Packung Vanillezucker | 3 Eidotter 70 g geriebene Schokolade | 1 Messerspitze Zimt | 1 EL Rum Schokolade zum Tunken

Zubereitung

Alle Zutaten mischen und rasch zu einem geschmeidigen Teig kneten.
Den Teig in Klarsichtfolie einschlagen und zwei Stunden rasten lassen.
Das Backrohr auf 170 °C Heißluft vorheizen. Den Teig mit einer Teigkarte in einige gleich große Teile abtrennen und daraus Rollen zu ca. 1,5 cm Durchmesser machen.
Diese Stränge wiederum in kleine Stücke teilen und daraus Kipferln formen.
Auf ein mit Backpapier ausgelegtes Blech legen und ca. 15 Minuten backen.
Die Kipferlspitzen oder auch das ganze Kipferl in Schokoladeglasur (siehe Seite 23) tauchen.

Ingwerkipferln

70 g Staubzucker | 160 g zimmerwarme Butter | 200 g glattes Mehl
70 g fein geriebene Mandeln | 1 Messerspitze gemahlener Ingwer
Vanilleschote | Vanillezucker | Staubzucker

Zubereitung

Die Butter mit Staubzucker abkneten. Vanilleschote längs aufschneiden und mit dem Messerrücken das Mark herausschaben. Mehl, Vanillemark, die geriebenen Mandeln und eine Messerspitze Ingwer schnell einarbeiten. Den Teig ca. 2 Stunden kühl rasten lassen. Das Backrohr auf 170 °C Heißluft vorheizen.
Den Teig mit einer Teigkarte in einige gleich große Teile abtrennen und daraus Rollen zu ca. 1,5 cm Durchmesser machen. Diese Stränge wiederum in kleine Stücke teilen und daraus Kipferln formen. Auf ein mit Backpapier belegtes Backblech legen und ca. 15 Minuten backen. Vanillezucker und Staubzucker vermischen und auf die noch heißen Kipferln streuen.

Schokoladekipferln

140 g glattes Mehl | 1 Packung Vanillezucker | 1 Eidotter | 100 g Butter
90 g geriebene Haselnüsse | 40 g geriebene Schokolade

Zubereitung

Alle Zutaten mischen und rasch zu einem geschmeidigen Teig kneten.
Den Teig in Klarsichtfolie einschlagen und zwei Stunden rasten lassen.
Das Backrohr auf 170 °C Heißluft vorheizen.
Den Teig mit einer Teigkarte in einige gleich große Teile abtrennen und daraus Rollen zu ca. 1,5 cm Durchmesser machen. Diese Stränge wiederum in kleine Stücke teilen und daraus Kipferln formen. Auf ein mit Backpapier ausgelegtes Blech legen und ca. 15 Minuten backen.
Die Kipferln auskühlen lassen und danach in Schokoladeglasur (siehe Seite 23) tauchen.

Burgenländerkipferln | Dinkel-Klosterkipferln | Schokoladekipferln | Ingwerkipferln (im Uhrzeigersinn)

Kürbiskernkipferln

300 g glattes Mehl | 220 g Butter | 100 g Staubzucker
120 geriebene Kürbiskerne | 1 Packung Vanillezucker | 1 Prise Salz
1 EL Kürbiskernöl

Zubereitung

Alle Zutaten mischen und rasch zu einem geschmeidigen Teig kneten. Den Teig in Klarsichtfolie einschlagen und zwei Stunden rasten lassen. Das Backrohr auf 170 °C Heißluft vorheizen. Den Teig mit einer Teigkarte in einige gleich große Teile abtrennen und daraus Rollen zu ca. 1,5 cm Durchmesser machen. Diese Stränge wiederum in kleine Stücke teilen und daraus Kipferln formen. Auf ein mit Backpapier ausgelegtes Blech legen und ca. 15 Minuten backen. Die Kipferln auskühlen lassen und danach in Schokoladeglasur (siehe Seite 23) tauchen.

Kaffeekipferln

100 g Rohrzucker | 200 g zimmerwarme Butter | 100 g geriebene Walnüsse
280 g glattes Mehl | 60 ml zubereiteter und abgekühlter Kaffee
Schokolade zum Verzieren

Zubereitung

Kaffee zubereiten und auf ca. 1 EL einreduzieren und kalt werden lassen. Rohrzucker, Mehl und Walnüsse vermischen und zügig die Butter unterkneten. Zum Schluss den kalten Kaffee beimengen. Den Teig zwei Stunden rasten lassen. Das Backrohr auf 170 °C Heißluft vorheizen. Den Teig mit einer Teigkarte in einige gleich große Teile abtrennen und daraus Rollen zu ca. 1,5 cm Durchmesser machen. Diese Stränge wiederum in kleine Stücke teilen und daraus Kipferln formen. Auf ein mit Backpapier ausgelegtes Backblech legen und ca. 15 Minuten backen. Die fertigen Kipferln noch heiß mit Staubzucker bestreuen oder erkaltet mit Kaffeeglasur (siehe Seite 24) verzieren.

Kürbiskernkipferln | Kaffeekipferln | Kokoskipferln | Mandelkipferln (im Uhrzeigersinn)

Mandelkipferln

80 g Staubzucker | 1 Eidotter | 160 g zimmerwarme Butter
140 g glattes Mehl | 100 g geschälte und geriebene Mandeln
1 Packung Vanillezucker | 2 EL Amaretto | Schokolade zum Verzieren
Mandelplättchen zum Bestreuen

Zubereitung

Alle Zutaten mischen und rasch zu einem geschmeidigen Teig kneten. Den Teig in Klarsichtfolie einschlagen und zwei Stunden rasten lassen. Das Backrohr auf 170 °C Heißluft vorheizen. Den Teig mit einer Teigkarte in einige gleich große Teile abtrennen und daraus Rollen zu ca. 1,5 cm Durchmesser machen. Diese Stränge wiederum in kleine Stücke teilen und daraus Kipferln formen. Auf ein mit Backpapier ausgelegtes Blech legen und ca. 12 Minuten backen. Die Spitzen der ausgekühlten Kipferln in Schokoladeglasur (siehe Seite 23) tauchen und mit Mandelblättchen bestreuen.

Kokoskipferln

280 g glattes Mehl | 200 g zimmerwarme Butter | 80 g Staubzucker
1 Packung Vanillezucker | 100 g Kokosflocken
Kokosflocken zum Bestreuen | Zucker zum Bestreuen

Zubereitung

Alle Zutaten mischen und rasch zu einem geschmeidigen Teig kneten. Den Teig in Klarsichtfolie einschlagen und zwei Stunden rasten lassen. Das Backrohr auf 170 °C Heißluft vorheizen. Den Teig mit einer Teigkarte in einige gleich große Teile abtrennen und daraus Rollen zu ca. 1,5 cm Durchmesser machen. Diese Stränge wiederum in kleine Stücke teilen und daraus Kipferln formen. Auf ein mit Backpapier ausgelegtes Blech legen und ca. 15 Minuten backen. Vanillezucker, Kokosflocken und Staubzucker vermischen und auf die noch heißen Kipferln streuen.

Mohnkipferln

**90 g Staubzucker | 250 g zimmerwarme Butter | 70 g geriebene Nüsse
100 g geriebener Mohn | 250 g glattes Mehl | 1 EL Kakao | 1 Eidotter
1 Packung Vanillezucker | 1 Prise Salz | 1 Msp. Zimt | Schokolade**

Zubereitung

Alle Zutaten mischen und rasch zu einem geschmeidigen Teig kneten. Den Teig in Klarsichtfolie einschlagen und zwei Stunden rasten lassen. Das Backrohr auf 170 °C Heißluft vorheizen. Den Teig mit einer Teigkarte in einige gleich große Teile abtrennen und daraus Rollen zu ca. 1,5 cm Durchmesser machen. Die Rollen wiederum in kleine Stücke teilen und daraus Kipferln formen. Auf ein mit Backpapier ausgelegtes Blech legen und ca. 15 Minuten backen. Die Spitzen der ausgekühlten Kipferln in Schokoladeglasur (siehe Seite 23) tauchen.

Pistazienkipferln

**280 g glattes Mehl | 200 g zimmerwarme Butter | 80 g Staubzucker
1 Packung Vanillezucker | 100 g geriebene Pistazien
Staubzucker und Vanillezucker zum Bestreuen**

Zubereitung

Alle Zutaten mischen und rasch zu einem geschmeidigen Teig kneten. Den Teig in Klarsichtfolie einschlagen und zwei Stunden rasten lassen. Das Backrohr auf 170 °C Heißluft vorheizen. Den Teig mit einer Teigkarte in einige gleich große Teile abtrennen und daraus Rollen zu ca. 1,5 cm Durchmesser machen. Diese Stränge wiederum in kleine Stücke teilen und daraus Kipferln formen. Auf ein mit Backpapier ausgelegtes Blech legen und ca. 15 Minuten backen. Vanillezucker und Staubzucker vermischen und auf die noch heißen Kipferln streuen.

Vanillekipferln

280 g glattes Mehl | 200 g zimmerwarme Butter
100 g geriebene Walnüsse | 80 g Staubzucker | 1 Packung Vanillezucker
Staubzucker und Vanillezucker zum Bestreuen

Zubereitung

Alle Zutaten mischen und rasch zu einem geschmeidigen Teig kneten. Den Teig in Klarsichtfolie einschlagen und zwei Stunden rasten lassen. Das Backrohr auf 170 °C Heißluft vorheizen. Den Teig mit einer Teigkarte in einige gleich große Teile abtrennen und daraus Rollen zu ca. 1,5 cm Durchmesser machen. Diese Stränge wiederum in kleine Stücke teilen und daraus Kipferln formen. Auf ein mit Backpapier ausgelegtes Blech legen und ca. 15 Minuten backen. Vanillezucker und Staubzucker vermischen und auf die noch heißen Vanillekipferln streuen.

Schokoladedreiecke mit Kürbiskernen

160 g Butter | 80 g Staubzucker | 1 Packung Vanillezucker | 1 Prise Salz
1 Eidotter | 240 g glattes Mehl | 1 EL Kakao | 1 Prise Zimt | 100 g Schokolade
100 g Butter | gehackte Kürbiskerne | Marmelade

Zubereitung

Mürbteig wie im Grundrezept beschrieben herstellen. In die Hälfte des Teiges Kakao und Zimt einkneten. Das Backrohr auf 180 °C Heißluft vorheizen. Die beiden Teige auf einer mit ein wenig Mehl bestreuten Arbeitsfläche ausrollen. Den hellen Teil mit einer dünnen Schicht Marmelade bestreichen und den dunklen Teig darauf fest andrücken. Auf ein mit Backpapier ausgelegtes Backblech legen und ca. 15 Minuten backen lassen. Die ausgekühlte Masse mit Schokoladeglasur (siehe Seite 23) überziehen und mit gehackten Kürbiskernen bestreuen. Schokolade fest werden lassen und mit einem scharfen Messer Dreiecke ausschneiden.

Pistazienkipferln | Mohnkipferln | Schokoladedreiecke mit Kürbiskernen | Vanillekipferln (im Uhrzeigersinn)

Schaumrollen

Blätterteig (Fertigprodukt) | 2 Eiklar | 50 g Staubzucker | 2 EL Zitronensaft 5 EL Wasser | Eidotter, vermischt mit etwas Milch, zum Bestreichen

Zubereitung

Backrohr auf 180 °C Heißluft vorheizen. Blätterteig in 1 cm breite Streifen schneiden und über die Rollenform wickeln. Eidotter mit etwas Milch verquirlen und die Schaumrollenoberfläche damit bestreichen. Auf ein mit Backpapier ausgelegtes Backblech legen und ca. 15 Minuten backen. Auskühlen lassen. In der Zwischenzeit 2 Eiklar mit 30 g Staubzucker und dem Zitronensaft steif schlagen.
Das Wasser erhitzen und den restlichen Staubzucker darin auflösen, kurz aufkochen lassen. Das Zuckerwasser sofort in den Eischnee mischen. Die Schneemasse in einen Spritzsack mit sternförmigem Aufsatz geben und damit die Blätterteigrollen füllen. Mit Staubzucker bestreuen. Das Zuckerwasser verhindert, dass die Schaumrollen vom sich wieder absetzenden Eiklar im Eischnee durchweicht werden. Wenn Sie die Schaumrollen frisch machen und gleich servieren, können sie auch nur mit der Eiweißmasse (siehe Seite 18) gefüllt werden.

Nuss-Stangerln

Mürbteig (siehe Grundrezept S. 14) | Eidotter, vermischt mit etwas Milch, zum Bestreichen | gehackte Nüsse zum Bestreuen | Marmelade Schokolade zum Glasieren

Zubereitung

Mürbteig wie im Grundrezept beschrieben herstellen. Backrohr auf 170 °C Heißluft vorheizen. Den Teig auf einer mit Mehl bestreuten Arbeitsfläche auswalken und mit einem Ausstecher lange Rechtecke (Stangerln) ausstechen. Auf einem mit Backpapier ausgelegten Backblech die ausgestochenen Kekse anordnen. Mit Eidotter-Milch-Gemisch bestreichen und die Kekse mit gehackten Haselnüssen bestreuen. Ca. 12 Minuten backen und auskühlen lassen. Jeweils zwei Kekse mit Marmelade zusammenkleben. Die Stangenspitzen in Schokolade tauchen und trocknen lassen.

Schaumrollen | Nuss-Stangerln | Kürbiskern-Marzipan-Röllchen | Kokosstangerln (im Uhrzeigersinn)

Kokosstangerln

**200 g Staubzucker | 3 Eier | 100 g zimmerwarme Butter
250 g glattes Mehl | 1/2 Packung Backpulver | 1 Msp. Zimt | 1 Vanilleschote
1 Msp. gemahlene Nelken | 1 Msp. Anis | 5 EL Kokosmilch | 2 EL Rum
30 g Kakao | 250 g Schokolade | 250 g Butter und 125 ml Rum für die Glasur
Kokosflocken**

Zubereitung

Das Backrohr auf 180 °C Heißluft vorheizen. Die Butter mit dem Staubzucker sehr schaumig rühren. Die Eier einzeln hinzufügen. Gewürze, Kokosmilch und Rum unterrühren. Das Backpulver in das Mehl einsieben und gemeinsam mit dem Kakao ebenfalls beimengen. Die Teigmasse auf ein mit Backpapier ausgelegtes Blech auftragen und mit einer Teigkarte glatt streichen. Ca. 30 Minuten backen. In der Zwischenzeit die Schokoglasur (siehe Seite 23) herstellen. In die Glasur den Rum einrühren. Den Blechkuchen auskühlen lassen und Stangerln in beliebiger Größe schneiden. Die Stangerln großzügig in die Glasur eintauchen, etwas abtropfen lassen und in den Kokosflocken wälzen.

Weihnachtsravioli

Mürbteig (siehe Grundrezept S. 14) | Marmelade | Staubzucker

Zubereitung

Mürbteig wie im Grundrezept beschrieben herstellen. Das Backrohr auf 170 °C Heißluft vorheizen. Den Teig auf einer mit Mehl bestreuten Arbeitsfläche auswalken und mit einem Ausstecher ravioliartige Quadrate ausstechen. Auf die Hälfte der Kekse einen Marmeladetupfer aufbringen und diese mit einem zweiten Keks bedecken. Rundherum vorsichtig andrücken. Durch die Marmelade kommt es zu einer schönen Ravioliwölbung. Auf einem mit Backpapier ausgelegten Backblech die Kekse anordnen und ca. 12 Minuten backen.
Danach mit Staubzucker bestreuen.

Kürbiskern-Marzipan-Röllchen

**200 g glattes Mehl | 200 g zimmerwarme Butter | 2 EL Rahm | 2 EL Zucker
1 Packung Vanillezucker | 1 Prise Salz | 2 EL Amaretto | 200 g Marzipan
70 g gehackte Kürbiskerne | Eidotter, mit etwas Milch verquirlt, zum Bestreichen**

Zubereitung

Mehl, Butter, Rahm, Zucker und Salz rasch zu einem geschmeidigen Teig verkneten. Kurz kühl rasten lassen. Backrohr auf 180 °C Heißluft vorheizen. In der Zwischenzeit die Kürbiskerne mit dem weich gekneteten Marzipan und 2 EL Amaretto vermischen. Die Masse zu zwei schmalen Strängen formen. Den gekühlten Teig in zwei Hälften teilen und diese auf einer mit Mehl bestreuten Arbeitsfläche ausrollen. In die Mitte der beiden ausgerollten Teige jeweils einen Marzipanstrang legen und diesen fest mit dem Teig umhüllen. Aus den so entstandenen Rollen jeweils Scheiben schneiden. Diese auf ein mit Backpapier ausgelegtes Backblech legen, mit dem Ei-Milch-Gemisch bestreichen, mit gehackten Kürbiskernen bestreuen und ca. 12 Minuten backen.

Rum-Kokos-Spiralen

**120 g Staubzucker | 140 g glattes Mehl | 3 Eier | 1,5 EL Kakao | 1 EL Rum
1 Prise Salz | Pariser Creme | Kokosflocken**

Zubereitung

Backrohr auf 180 °C Heißluft vorheizen. Die Pariser Creme (siehe Rezept Seite 20) vorbereiten. Eier, Zucker und Salz sehr schaumig rühren. Das gesiebte Mehl vorsichtig unterheben. In einer zweiten Schüssel einen kleinen Teil der Masse mit Kakao vermischen und beiseite stellen. Backblech mit Backpapier belegen. Die Ei-Zucker-Masse in einen Spritzsack füllen und Kekse aufspritzen. Die Kakaomasse in einen anderen Spritzbeutel füllen und auf die hellen Teigkreise spiralförmig die dunkle Masse aufspritzen. Ca. 12 Minuten backen. Die fertigen Spiralkekse auskühlen lassen und jeweils 2 Stücke mit der Pariser Creme zusammenkleben. Rund um die Kekse ebenfalls Pariser Creme anbringen und abschließend in Kokosflocken wälzen.

Weihnachtliche Polsterzipferln

200 g glattes Mehl | 200 g Butter | 2 EL Staubzucker | 2 EL Rahm | 1 Prise Salz 100 g Marzipan | Eidotter vermischt mit etwas Milch, zum Bestreichen Staubzucker und gemahlener Zimt zum Bestreuen

Zubereitung

Backrohr auf 170 °C Heißluft vorheizen. Mehl, Butter, Staubzucker, Salz und Rahm rasch zu einem Teig verkneten. Kurz gekühlt rasten lassen. Teig auf einer mit Mehl bestreuten Arbeitsfläche auswalken und Quadrate ausstechen oder mit einem Teigrad ausschneiden. Ein Stückchen Marzipan in die Mitte der Teigquadrate setzen. Eidotter mit etwas Milch verquirlen und die Ränder der Teigstücke damit bestreichen. Das Quadrat einmal falten und die Ränder mit Gefühl andrücken. Ca. 12 Minuten backen und auskühlen lassen. Mit dem Zimt-Zucker-Gemisch bestreuen. Alternativ können Sie statt Marzipan auch Marmelade verwenden.

Powidlspitz

200 g glattes Mehl | 200 g zimmerwarme Butter | 2 EL Rahm | 2 EL Zucker 1 Packung Vanillezucker | 1 Prise Salz | Powidl zum Füllen | Eidotter, vermischt mit etwas Milch, zum Bestreichen | Hagelzucker

Zubereitung

Mehl, Butter, Rahm, Zucker und Salz rasch zu einem geschmeidigen Teig verkneten. Kurz kühl rasten lassen. Backrohr auf 170 °C Heißluft vorheizen. Den Teig auf einer mit Mehl bestreuten Arbeitsfläche auswalken und mit einem runden Ausstecher Kreise ausstechen. Auf die Teigkreise mit einem Kaffeelöffel Powidl auftragen. Den Teig nun zu einem Spitz hochklappen. Die Spitze leicht zusammendrücken. Die Powidl-Spitze auf ein mit Backpapier ausgelegtes Backblech legen, mit einem Eidotter-Milch-Gemisch bestreichen, mit Hagelzucker bestreuen und ca. 12 Minuten backen.

Weihnachtsravioli | Rum-Kokos-Spiralen | Powidlspitz | Weihnachtliche Polsterzipferln (im Uhrzeigersinn)

Marzipan-Punschkugeln

100 g gemahlene Walnüsse | 150 g Kristallzucker | 250 g Schokolade 150 g Marmelade | 3 EL Saft einer frisch gepressten Zitrone | 100 g Marzipan 5 EL Rum, Kokosflocken | Krokant | gehackte Pistazien zum Verzieren

Zubereitung

Die Schokolade über Wasserdampf oder bei sehr schwacher Hitze in der Mikrowelle schmelzen und etwas abkühlen lassen. Zucker mit den Nüssen vermischen, Zitronensaft und Rum dazugeben. Die geschmolzene Schokolade beifügen und alles gut durchmischen. Zum Schluss die Marmelade hinzufügen.
Die Punschmasse ca. eine Stunde gut durchziehen lassen.
Befeuchten Sie Ihre Hände mit kaltem Wasser und formen Sie aus dem Marzipan kleine Kugeln. Diese mit der Punschmasse umhüllen. Die fertigen Punschkugeln in Kokosflocken, Krokant oder gehackten Pistazien wälzen und kühl stellen.

Rosinen-Rumkugeln

100 g gemahlene Walnüsse | 150 g Staubzucker | 250 g Schokolade 150 g Marmelade | 3 EL Saft einer frisch gepressten Zitrone 3 EL fein gehackte Rosinen | 5 EL Rum | Kokosflocken | Rosinen zum Verzieren

Zubereitung

Die Schokolade über Wasserdampf oder bei sehr schwacher Hitze im Mikrowellengerät schmelzen und etwas abkühlen lassen. Rosinen fein hacken. Zucker durch ein Sieb streichen, um Klumpen zu verhindern. Zucker mit den Nüssen vermischen, Zitronensaft und Rum dazugeben. Die geschmolzene Schokolade und die Rosinen beifügen und alles gut durchmischen.
Zum Schluss die Marmelade hinzufügen. Die Masse ca. eine Stunde gut durchziehen lassen. Befeuchten Sie Ihre Hände mit kaltem Wasser und formen Sie aus der Masse kleine Kugeln. Die fertigen Rumkugeln in Kokosflocken wälzen, mit einer Rosine verzieren und kühl stellen.

Rosinen-Rumkugeln | Weihnachtsstanitzel mit Kürbiskernfülle | Marzipan-Punschkugeln (im Uhrzeigersinn)

Schokolade-Honigkuchen mit Marzipan

250 g Honig | 140 g Butter | 2 Eier | 1 Packung Lebkuchengewürz | 1 EL Kakao Saft einer halben Zitrone | 400 g Roggenmehl | 1 Packung Backpulver | 100 g gemahlene Mandeln 100 g gehackte, kandierte Früchte | 2 EL Rum | etwas Milch zum Bestreichen 200 g Marzipan | Marmelade | Schokolade und Butter für die Glasur

Zubereitung

Das Backrohr auf 180 °C Heißluft vorheizen. Butter und Honig kurz aufkochen und dann abkühlen lassen. Eier, Gewürz, Kakao und Zitronensaft einrühren. Mehl und Backpulver versieben, mit den Mandeln vermischen und unter die Honigmasse kneten. Zum Schluss die kandierten Früchte und den Rum beimengen. Backblech ausfetten und mit Mehl ausstauben. Den Teig auf das Backblech auftragen und mit Milch bestreichen. Mit einer Teigkarte glatt streichen. Ca. 20 Minuten backen und auskühlen lassen. Den Kuchen mit Marmelade bestreichen. Marzipan mit etwas Staubzucker ausrollen und auf die Marmelade auftragen. Zum Schluss mit einer Schokoladenglasur (siehe Seite 23) überziehen.

Punschkrapferln

4 Eier | 120 g Staubzucker | 1 Packung Vanillezucker | 1 Prise Salz | 120 g griffiges Mehl 150 g geschmolzene Schokolade | 60 ml Rum | 60 ml Kaffee | 100 g gehackte Nüsse 50 g Marmelade | Punschglasur

Zubereitung

Das Backrohr auf 180 °C Heißluft vorheizen. Für die Biskuitscheiben Zucker, Vanillezucker, eine Prise Salz und Eier schaumig schlagen. Das Mehl vorsichtig unterheben. Die Masse 1 cm hoch auf ein mit Backpapier ausgelegtes Backblech streichen und ca. 15 Minuten backen. Danach auskühlen lassen. Mit einem Ausstecher runde Scheiben aus dem Biskuit trennen. Das restliche Biskuit klein schneiden. Mit erweichter Schokolade, Rum, Kaffee, gehackten Nüssen und Marmelade gut vermischen und einige Zeit ziehen lassen. Eine Biskuitscheibe in einen ca. 5 cm hohen, runden Ausstecher geben. Diesen mit der Punschmasse zu 3/4 auffüllen und mit einer Biskuitscheibe abschließen. Das Krapferl vorsichtig aus dem Ausstecher herausdrücken und rundum mit passierter Marmelade bestreichen. Danach entweder mit einer gekauften oder einer selbst hergestellten Punschglasur (siehe Seite 24) überziehen.

Weiße Glühweinwürfel | Macadamia-Schnitten | Punschkrapferln | Schokolade-Honigkuchen mit Marzipan (im Uhrzeigersinn)

Weihnachtsmuffins

**250 g griffiges Mehl | 100 g Honig | 2 TL Backpulver | 1/2 TL Natron
1 Ei | 60 g Butter | 1/4 l Milch | 3 Msp. weihnachtliche Gewürze Ihrer Wahl
(Anis, Muskat, Zimt, Ingwer, Gewürznelken)**

Zubereitung

Das Backrohr auf 160 °C Heißluft vorheizen. Das Ei leicht schlagen und mit dem Honig, der Butter und der Milch gut verrühren. Backpulver, Natron und die Gewürze Ihrer Wahl ins Mehl einsieben. Zusätzlich kann man noch kleine Mandelstücke beigeben. Die Mehlmischung nun vorsichtig unter die Ei-Honig-Mischung heben. Die Masse rasch in das Muffinsblech gießen und ca. 20 Minuten backen. Die fertigen Muffins mit einer Zucker-Zimt-Mischung bestreuen. Sie können die Muffins auch mit einer Glasur überziehen.
Die Zucker- und Geleefiguren auf unserem Bild erhalten Sie im Supermarkt oder bei Anna Gold (www.anna-gold.at).

Tipp

Zwei Schüsseln verwenden, um feuchte und trockene Zutaten getrennt voneinander zu verrühren. Erst dann beide Massen mischen. Nur ganz kurz unterrühren. Der Teig sollte klumpig sein, nicht schaumig gerührt!
Sie können alles mit der Hand rühren, mit dem Mixer maximal auf unterster Stufe.
Je schneller Sie den Teig verarbeiten, desto flaumiger werden die Muffins.

Weihnachtsmuffins | Kletzenbrot | Weihnachtskuchen mit kandierten Früchten | Zimtrehrücken (im Uhrzeigersinn)

Kletzenbrot

**250 g Roggenmehl | 1/2 Packung Hefe | 5 EL Wasser | 30 g Rohrzucker
1 Eidotter | 80 g Butter | 250 g Kletzen | 100 g Dörrzwetschken
100 g Rosinen | 200 g Feigen | 30 g Aranzini | 30 g Zitronat
30 g gehackte Nüsse | Rohrzucker | 1 Msp. Anis | 1 Msp. Muskatnuss
1 Msp. gemahlene Gewürznelken | 1 Msp. Zimt | 1/8 l Rum
Eidotter, vermischt mit etwas Milch, zum Bestreichen**

Zubereitung

Die Kletzen mit 600 ml Wasser aufkochen und bei geringer Temperatur weich kochen lassen. Abseihen und auskühlen lassen. Die Kletzen, Dörrzwetschken, Feigen, Aranzini und das Zitronat mit ein wenig Mehl vermischen und mit dem Messer klein schneiden. Die Rosinen untermischen und alles gut mit Rum tränken. Die Gewürze und den Zucker unterrühren. Die Masse einige Stunden, am besten über Nacht abgedeckt ziehen lassen.

Das Backrohr auf 180 °C Heißluft vorheizen. Die Hefe in 5 EL warmem Wasser gut auflösen. Butter, Zucker und Dotter schaumig rühren und das Mehl und die Hefe einmengen. Zum Schluss die Früchtemasse einarbeiten. Zu einem festen Teig verkneten und ca. 30 Minuten rasten lassen. Danach den Teig teilen und Brotlaibe in gewünschter Größe formen. Eidotter mit etwas Milch vermischen und die Brotlaibe damit bestreichen.

Auf ein mit Backpapier ausgelegtes Backblech setzen und ca. 40 Minuten backen.

Weihnachtskuchen mit kandierten Früchten

**180 g Butter | 150 g Staubzucker | 1 Packung Vanillezucker | 3 Eier
Schale einer 1/2 Zitrone | 1 Prise Salz | 350 g griffiges Mehl
1/2 Packung Backpulver | 100 ml Milch | 2 EL Rum | 100 g Rosinen
50 g Aranzini | 50 g Zitronat | 100 g geschnittene kandierte Kirschen
50 g gehackte Nüsse | 50 g gehackte Schokolade**

Zubereitung

Das Backrohr auf 170 °C Heißluft vorheizen. Butter mit 2/3 des Zuckers schaumig rühren. Die Eidotter einzeln einrühren, Salz und Zitronenschale dazugeben. Mehl mit Backpulver versieben und mit den Rosinen, den kandierten Früchten, den gehackten Nüssen und der gehackten Schokolade vermengen und in die Rührmasse geben. Milch und Rum ebenfalls unterrühren. Abschließend das Eiklar mit dem letzen Drittel Zucker und einer Prise Salz steif schlagen. Den Eischnee vorsichtig unterheben. In eine befettete und mit Mehl ausgestaubte Kastenform füllen und ca. 1 Stunde backen.

Zimtrehrücken

**50 g Butter | 100 g Staubzucker | 4 Eier | 1 Packung Vanillezucker
50 g glattes Mehl | 50 g geriebene Walnüsse | 50 g geriebene Schokolade
1 EL Kakao | 2 TL Zimt | 1 TL Backpulver**

Zubereitung

Backrohr auf 180 °C Heißluft vorheizen. Butter, 80 g Zucker, Vanillezucker und Eidotter schaumig rühren. Mehl mit Backpulver versieben und mit den Nüssen, der Schokolade, Zimt und versiebtem Kakao vermischen. Beide Massen vorsichtig vermengen. Eiklar mit einer Prise Salz und dem restlichen Staubzucker steif schlagen und unter heben. In eine ausgebutterte und mit Mehl ausgestaubte Rehrückenform füllen und ca. 45 Minuten backen. Nach Belieben mit einer Zimt-Staubzucker-Mischung bestreuen oder mit Schokoladeglasur (siehe Seite 23) überziehen.

Bratapfelgugelhupf

4 Eier | 200 g Staubzucker | 200 g Butter | 200 g griffiges Mehl
3 TL Backpulver | 1 Packung Vanillezucker | 1 Prise Salz | 2 EL Rum
3 TL Apfelstrudelgewürz | 80 g gehackte Walnüsse | 80 g gehackte Schokolade
2 Stk. geschälte und grob geriebene Äpfel

Zubereitung

Backrohr auf 170 °C Heißluft vorheizen. Die Eier trennen. Butter mit 2/3 des Zuckers schaumig rühren. Einzeln die Eidotter einrühren und Vanillezucker, Rum und Gewürz beigeben. Das Mehl mit dem Backpulver versieben und die gehackten Nüsse, die gehackte Schokolade sowie die geriebenen Äpfel damit vermischen. Die beiden Massen nur kurz vermengen.
Das Eiklar mit dem Rest des Staubzuckers und einer Prise Salz steif schlagen und vorsichtig unterheben. Gugelhupfform mit Butter einfetten und mit Mehl ausstauben. Die Masse einfüllen und ca. eine Stunde backen.
Einige Minuten auskühlen lassen und dann aus der Form stürzen.
Nach Belieben mit einer Zimt-Staubzucker-Mischung bestreuen oder mit einer Schokoladeglasur überziehen.

Gefüllter Lebkuchen vom Blech

500 g Honig | 140 ml geschmacksneutrales Öl | 250 g Kristallzucker
2 TL Zimt | 2 TL Lebkuchengewürz | 1 Prise Salz | 4 Eier | 800 g Roggenmehl
1 Packung Backpulver | 250 g geriebene Mandeln | 100 g Zitronat
100 g Aranzini | 200 g gehackte Nüsse | 200 g Marmelade
Eidotter, vermischt mit etwas Milch, zum Bestreichen

Zubereitung

Honig, Öl und Kristallzucker aufkochen und wieder abkühlen lassen.
Die Gewürze, das Salz und die Eier einrühren. Das Mehl mit dem Backpulver versieben, mit den Mandeln vermischen und mit der Honigmasse verrühren.
Den Teig einige Stunden gekühlt rasten lassen.
Das Backrohr auf 180 °C Heißluft vorheizen. Zitronat, Aranzini, gehackte Nüsse und Marmelade zu einer Fülle vermengen. Den Teig teilen. Einen Teil des Teiges auf einer mit Mehl bestreuten Arbeitsfläche auswalken und auf ein mit Butter eingefettetes und mit Mehl ausgestaubtes Blech legen.
Die Fülle auf dem Teig gleichmäßig verteilen. Den zweiten Teil des Teiges ebenfalls auswalken, über die Fülle legen und fest andrücken.
Mit Eidotter-Milch-Gemisch bestreichen und ca. 35 Minuten backen.
Abkühlen lassen und in Schnitten schneiden.
Nach Wunsch kann der gefüllte Lebkuchen auch mit einer Schokoladenglasur (siehe Seite 23) oder einer anderen Glasur Ihrer Wahl überzogen werden.

Glühweinecken

**260 g Zucker | 1 Päckchen Vanillezucker | 260 g Butter | 4 Eier | 260 g glattes Mehl
1/2 Päckchen Backpulver | 200 ml roter Glühwein | 150 g gehackte Schokolade
280 g Staubzucker und 100 ml roter Glühwein für die Glasur | Schokoladeraspeln zum Verzieren**

Zubereitung

Backrohr auf 180 °C Heißluft vorheizen. Eier trennen. Zucker, Vanillezucker, Eidotter und Butter sehr schaumig rühren. Das Eiklar mit einer Prise Salz steif schlagen. Das Mehl mit dem Backpulver versieben und unterheben. Den Glühwein (6 EL für die Glasur aufheben) hinzufügen und abschließend den Eischnee einmengen. Auf ein mit Backpapier ausgelegtes Backblech glatt aufstreichen.
Mit einem Kochlöffelstiel in regelmäßigen Abständen Löcher in die Masse stupsen. In diese Löcher die gehackte Schokolade einrieseln lassen. Ca. 25 Minuten backen.
In der Zwischenzeit die Glühweinglasur zubereiten. Dafür den Staubzucker nach und nach in den erwärmten Glühwein einrühren. Auf die erkaltete Kuchenmasse die Glühweinglasur auftragen und mit Schokoladeraspeln bestreuen. Etwas fest werden lassen und in Ecken schneiden.

Karamellschnitten

**80 g Staubzucker | 1 Eidotter | 160 g Butter | 240 g glattes Mehl | 1 Packung Vanillezucker
Für die Karamellschicht: 500 ml Schlagobers | 270 g Kristallzucker
200 g fein gehackte Macadamianüsse | 3 EL Kaffeelikör**

Zubereitung

Alle Zutaten in eine Schüssel oder auf eine Arbeitsfläche geben und mit den Händen rasch zu einem Mürbteig zusammenkneten Vor dem Verarbeiten im Kühlschrank mit Klarsichtfolie abgedeckt zwei Stunden rasten lassen. Backrohr auf 170 °C Heißluft vorheizen. Den Teig ca. 1 cm hoch auf ein mit Backpapier ausgelegtes kleines Backblech auftragen und ca. 20 Minuten backen. In der Zwischenzeit die Karamell-Schicht vorbereiten: Zucker karamellisieren lassen. Dafür eine Pfanne erhitzen. Den Kristallzucker einstreuen und zergehen lassen, ohne dabei umzurühren. Sobald der Zucker hellbraun und geschmolzen ist, das Schlagobers und den Kaffeelikör dazuleeren. Aufkochen lassen und erst dann umrühren. Auf kleiner Stufe ca. 40 Minuten eindicken lassen. Einige Minuten köchelnd weiter eindicken lassen und mit den Nüssen vermischen. Die warme Karamellmasse auf den fertigen Unterboden streichen und erkalten lassen. Danach in Stücke schneiden.

Bratapfelgugelhupf | Gefüllter Lebkuchen vom Blech | Karamellschnitten | Glühweinecken (im Uhrzeigersinn)

Weihnachtsstollen

**80 g Staubzucker | 1 Packung Vanillezucker | 3 Eidotter
1 Packung frische Hefe | 1/4 l Milch | 220 g Butter
550 g glattes Mehl | 1 Prise Salz | 1/2 TL Zimt
1/2 TL Kardamom | 1 Msp. Ingwer | 3 EL Rum | 50 g Aranzini
50 g Zitronat | 50 g Rosinen | 50 g gehackte Mandeln
150 g Butter zum Bestreichen | 130 g Staubzucker
und 1 Packung Vanillezucker zum Bestreuen**

Zubereitung

Für den Teig ein Dampfl ansetzen (siehe Hefeteig Seite 15). In der Zwischenzeit die Butter schaumig rühren und nach und nach Eidotter, Zucker, Vanillezucker, Salz, Gewürze und Rum einrühren. Das aufgegangene Dampfl mit dem restlichen Mehl vom Dampfl-Rand dazumengen und so lange verkneten, bis sich ein geschmeidiger, seidig-glatter Teig gebildet hat. Den Teig zugedeckt an einem warmen Ort noch einmal ca. 20 Minuten gehen lassen. Danach die Rosinen, Mandeln, Aranzini und das Zitronat in den Teig einarbeiten. Den Teig nun auf einer mit Mehl bestreuten Arbeitsfläche auswalken, dabei am Rand dicker lassen als in der Mitte. Die dicken Ränder nun zur Mitte hin einschlagen und zum Beispiel mit einem Teigroller andrücken. So entsteht die charakteristische Stollenform. (Alternativ gibt es im Handel auch fertige Stollenformen.) Den Stollen zugedeckt weitere 20 Minuten an einem warmen Ort gehen lassen. Das Backrohr auf 180 °C Heißluft vorheizen. Den Weihnachtsstollen ca. 1 Stunde backen. In der Zwischenzeit die Butter schmelzen und den Staubzucker mit Vanillezucker vermischen. Nach dem Backen den noch heißen Stollen mit geschmolzener Butter bestreichen und mit einer dicken Zuckerschicht versehen. Der Stollen wird besonders aromatisch, wenn er in Klarsichtfolie gewickelt einige Tage nachreifen kann.

Das Standardwerk weihnachtlicher Backkunst

Ingrid Pernkopf
SÜSSES ZUR WEIHNACHTSZEIT
Kekse · Punsche Stollen · Pralinen Zelten

248 Seiten, 17 x 24 cm
durchgehend farbig
Hardcover mit SU
€ 24,95
ISBN 978-3-85431-498-1

Weihnachten anno dazumal

Johannes Sachslehner
WEIHNACHTEN IM ALTEN ÖSTERREICH
Eine nostalgische Zeitreise

204 Seiten, 21 x 21 cm
zahlreiche Farb- und Duplex-Fotos
Hardcover mit SU
€ 19,95
ISBN 978-3-222-13277-3

Ein Braten für jeden Sonntag

Christoph Wagner
BRATENKÜCHE
150 feine Rezepte von Geflügel bis Wild

Mit Fotos von Peter Barci

240 Seiten, 17 x 24 cm
durchgehend Farbe
Hardcover mit SU
€ 24,95
ISBN 978-3-85431-525-4

Die ganze Welt der Knödel

Ingrid Pernkopf · Christoph Wagner
KNÖDELKÜCHE
Die 250 besten Rezepte von pikant bis süß

Mit Fotos von Peter Barci

240 Seiten, 17 x 24 cm
durchgehend Farbe
Hardcover mit SU
€ 24,95
ISBN 978-3-85431-526-1

Pichler Verlag

Glossar

Aranzini	Orangeat
Auswalken	Ausrollen
Biskotten	Löffelbiskuit
Dampfl	Vorteig
Eidotter	Eigelb
Eiklar	Eiweiß
Kekse	Plätzchen
Kletzen	Getrocknete Birnen
Marillen	Aprikosen
Maronipüree	Kastanienreis
Powidl	Eingedickte Pflaumenmarmelade
Rahm	Saure Sahne
Ribisel	Johannisbeeren
Rosinen	Getrocknete Weinbeeren
Staubzucker	Puderzucker

Inhalt

Weihnachtliches Backvergnügen
leicht gemacht 5

TIPPS & TRICKS RUND UM
DAS BACKVERGNÜGEN 6

Einige hilfreiche Informationen zu den
Grundteigarten und ihren Zutaten 11

DIE GRUND-TEIGARTEN 14
Mürbteig (1-2-3-Teig) | Rahmteig | Hefeteig
Lebkuchenteig | Eiweißmasse | Rührteig

DIE FÜLLUNGEN 19
Nussfülle | Mohnfülle | Kürbiskernfülle
Kürbiskernschaum | Pariser Creme
Butter-Pudding-Creme | Eierlikörcreme
Punschmasse | Buttercreme | Schokoladecreme

DIE GLASUREN 21
Schokoladeglasur | Zuckerglasur | Kaffeeglasur
Eiklarglasur | Punschglasur

REZEPTE 27

Glossar 92
Register 94

ISBN: 978-3-85431-532-2

KONZEPT: Maria Tutschek-Landauer
FOTOS: www.ichkoche.at/Norbert Tutschek

BUCHGESTALTUNG: Bruno Wegscheider

REPRODUKTION: Pixelstorm, Wien
DRUCK UND BINDUNG:
Druckerei Theiss GmbH, St. Stefan im Lavanttal